DXの基礎知識

具体的なデジタル変革事例と方法論

著者：山本 修一郎

近代科学社 Digital

まえがき

　本書の主題は，DXを理解して，ビジネス変革を先導できるデジタル企業をどのように実現するかを明らかにすることである．筆者が参加した経済産業省の委員会がまとめた「DX(Digital Transformation)レポート」と「DX推進指標」の内容は，一般論にとどまっている．本書執筆の動機は，多くの方々からDXのために具体的にどうすればいいかがよく分からないという声があったことである．

　組織ごとに異なる状況に対して具体的な方法を示してもガイドラインにはならないので，「DXレポート」と「DX推進指標」は一般論しか記述できない．そこで，それらのガイドラインと現場を繋ぐ中間の方法論が必要になるわけだが，これは委員会の範囲を超えている．民間のベンダ企業がDXのための具体的な方法論を提案してくれればいいのだが，多くのベンダは既存製品をDXソリューションとして売り込むだけで，そこまでには至っていない．そこで，本書でDXを具体化するための方法論を解説することにした．

　本書は，以下のように構成されている．

　第1章 DXを理解するために
　第2章 DXレポート
　第3章 DX推進指標
　第4章 DXの課題
　第5章 DXの知識
　第6章 DXの取り組み事例
　第7章 DXのためのEA
　第8章 DXプロセス
　第9章 デジタルガバナンス
　第10章 マイクロサービス

　第1章では，DXの背景と用語を説明する．
　第2章と第3章では，筆者が参加した経済産業省の委員会による公開資

料の要点を解説する.

第4章では，DXの課題を国内外の公開記事に基づいて比較考察する．また，DXの講演で，筆者が会場から頂いた質問への回答指針を述べる.

第5章では，公開資料に基づいて，DXで必要な知識をまとめる.

第6章では，対象組織，問題状況，提供価値，業務プロセス，デジタル技術，留意点からなる7項目の観点から，公開資料に基づいて，プラント系，小売業，製造業，サービス業のDX事例を統一的に解説する.

第7章では，EAの目的が迅速なビジネス変革の実現であることから，海外で進展するEAに基づくDXと，筆者が提案するDXのためのEAの調整法について解説する.

第8章では，「DXレポート」や「DX推進指標」にはDXをどう進めるかというプロセスの説明がないという問題に資するために，DBSC（デジタルバランススコアカード）とDXを可視化する手法に基づいて，具体的なDXプロセスを解説する.

第9章では，デジタルガバナンスの必要性と必要な知識ならびに，行政組織の事例を解説する.

第10章では，巨大な一枚岩のような老朽システムでは迅速なビジネス変革に対応できないことから，ビジネスケイパビリティに対応するマイクロサービスの疎結合アーキテクチャについて，マイクロサービスアーキテクチャの設計法や移行手法を解説する.

本書の内容の関係をまとめると，図の通りである.

ところで，日本でもすでに多くのDX関係の書籍が出版されている．本書の引用文献は著者自身の研究論文やその参考文献であり，海外の学術論文や公開情報が中心である，いまのところ，これらの文献すべてを横断的に論じた書籍は本書以外にはないので，読者の皆さんが「DXをどうするか」を構成する上で参考になるのではないかと自負している．特に，日本ではEAの視点からDXをとらえた書籍は見あたらないので，役立つと思われる.

イノベーションは既知の内容の新しい再構成であるから，これらの文献を参照し，その内容を本書とは異なる形で再構成して，皆さん自身による「DXをどうするか」について新たな提案をしていただけることを願って

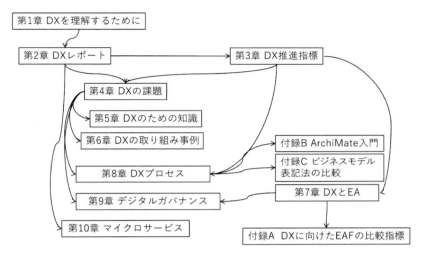

第1章 DXを理解するために

第2章 DXレポート

第3章 DX推進指標

第4章 DXの課題

第5章 DXのための知識

第6章 DXの取り組み事例

付録B ArchiMate入門

付録C ビジネスモデル
表記法の比較

第8章 DXプロセス

第9章 デジタルガバナンス

第7章 DXとEA

第10章 マイクロサービス

付録A DXに向けたEAFの比較指標

図　各章の関係

いる.

　なお，EA とそのモデリング言語 ArchiMate については，筆者による『要
求開発の基礎知識』(近代科学社 Digital, 2019) の付録で概説しているので，
関心のある方は参照していただきたい.

2020年9月

山本 修一郎

目次

第1章　DXを理解するために

第2章　DXレポート

第3章　DX推進指標

第4章　DXの課題

第5章　DXのための知識

第6章　DXの取り組み事例

第7章　DXとEA

第8章　DXプロセス

第9章　デジタルガバナンス

第10章　マイクロサービス

付録A　DXに向けたEAFの比較指標

付録B　ArchiMate入門

付録C　ビジネスモデル表記法の比較

第1章
DXを理解するために

本章では，本書を読むにあたって前提となる時代
背景と用語を説明する．用語については簡潔な説明
にとどめ，第2章以降で詳しく述べる．

1.1　ITイノベーションの歴史

　ITイノベーションを歴史的に俯瞰してみると，表1-1に示すように，電算化時代，ダウンサイジング時代，イントラネット・eコマース時代，モバイル・クラウド時代，アフターデジタル時代の5つの時代に分類できる[1].以下に，筆者がNTTに所属していた時代の経験に触れながら，各時代の特徴を示す.

表1-1　ITイノベーションの波

時代	期間	主な技術
電算化時代	1960～1985年	メインフレーム，ミニコン，オフコン，マイコン，DBMS，MIS
ダウンサイジング時代	1986～1994年	PC，Windows，Mac，WS，サーバ，C/S，分散コンピューティング，ミドルウェア，RDB，EUC，SIS
イントラネット・eコマース時代	1995～2005年	インターネット，E-Mail，Web，HTML，WebDB連携，ポータル，検索エンジン，Java，XML，Webサービス，ICカード，Javaカード，暗号，電子マネー，APダウンロード，携帯電話，EA
モバイル・クラウド時代	2006～2016年	モビリティ，スマホ，クラウド，IaaS，SaaS，PaaS，P2P，マイクロサービス，OSS，SNS，電子タグ，TOGAF
アフターデジタル時代	2017年～現在	機械学習，自然言語処理，画像解析，AI，RPA，IoT，センサ，ビッグデータ，3Dプリンタ，マイクロサービス，MaaS，ドローン，ロボット，ウェアラブル，AR/VR，5G，生体認証，ブレインインタフェース，ブロックチェイン，フィンテック，GPU

（1）電算化時代

　電算化時代（1960～1985年）には，メインフレーム，ミニコン，オフコン，マイコンといった大型コンピュータや小型コンピュータを用いて，人手による業務作業がコンピュータ化（電子計算機化）された.また，大量の業務データを効率的に管理するためにデータベース管理システム(DBMS)が開発され，経営情報システム(MIS, Management Information System)が提案された.

　1980年代中頃までは，日本電信電話公社（現NTT）の電気通信研究所でも，国産の大型計算機であるDIPS（電電公社情報処理システム）やその

ためのOSや言語処理系を開発していた.

（2）ダウンサイジング時代

　ダウンサイジング時代（1986～1994年）には小型コンピュータが普及し,個人でも使用できるようになった.また,高度なグラフィック処理を持つワークステーション(WS)や,クライアントサーバ(C/S)技術が登場した.C/Sは,PCやWSをクライアント端末,ミニコンをサーバとして相互接続する分散コンピューティング方式で,これに伴い,クライアントとサーバの通信をオープンに相互接続するミドルウェアが登場した.当時使われた通信手段は,インターネットではなく専用線や電話回線であった.

　分散コンピューティングの進展に伴って,前時代に構築された大型コンピュータを用いた情報システムをC/Sに移行するダウンサイジングが進んだ.また,サーバ上のデータベース技術として,多くの関係データベース(RDB, Relational Data Base)製品が開発された.さらに,エンドユーザ部門がPC上で業務システムを自前で開発する,エンドユーザコンピューティング(EUC, End User Computing)が登場した.

　このように多くの情報システムが開発されたことから,MISを発展させた戦略情報システム(SIS, Strategic Information System)の概念が生まれた.

　たとえば,NTT研究所でも,筆者らはクライアントサーバ型企業情報システムの開発支援ミドルウェアとして,クライアント上の通信ソフトとサーバ上で多数のクライアントからの処理を制御するトランザクション処理管理ソフト（TPモニタ）を開発した[2,3].

　この時代には多様なPCが開発され,現在の二大OSであるWindowsとMacも登場した.

（3）イントラネット・eコマース時代

　イントラネット・eコマース時代（1995～2005年）になると,日本にもインターネット技術が普及してきた.日本におけるインターネット元年は1994年であるが,実際には,1980年代の終わり頃には海外との電子メー

ルのやり取りができるようになっていた.

　この時代の初期には, インターネットを電子メール以外の何に使うかが よく分かっていなかった. 現代のようなインターネットの応用技術はまだ なかったのである. そこで登場したのが, SGMLを起源とするハイパーテ キストを作成できる簡便なHTMLと, Webブラウザである. これらが普 及したことで, インターネットの企業内利用としてのイントラネットが生 まれた.

　イントラネットでは, Webブラウザとデータベースサーバを接続する ために, WebDB連携技術が必要となった. NTT研究所でも, 筆者らは Webブラウザ上のスクリプト言語としてSQLを記述できる拡張HTMLや, WebサーバからTPモニタを経由してRDBを操作できるWebBASEを開 発した[4,5]. WebBASEはイントラネット構築エンジンとして商用化された だけでなく, 日本で最初の検索エンジンの一つであるNTTディレクトリ の構築にも適用された[6].

　さらに, HTMLの兄弟であるXMLを用いてインターネット上のアプリ ケーションを活用する手続きを記述できる, Webサービスの概念が登場し た. 同じ頃, XMLをシナリオ言語として用いてインターネット上で複数の サービスを連携する, サービス連携エンジンも実用化されている[7,8].

　1995年には, ネットワーク上のどこにでも移動でき特定の環境に依存し ない言語として, Javaが登場した. この時代にはプラスチックカードにIC チップを埋め込んだICカードも実用化されたが[9-11], ICカード上にJavaを 搭載したJavaカードもまた実用化された.

　ところで, 筆者は2003年当時NTTデータのユビキタス推進室長として, 次の「ユビキタスネットワーク」に基づく「e-コラボレーション」を提唱 していた[12].

　ITが進展していく中で, 今後ビジネスシーンや生活の中で中心となりうるITのトレン ドは,
　ネットワークデバイス
　コミュニケーションインターフェース
　知的情報処理
　社会プラットフォーム

> の4つになる.
> 　これらのトレンドを中心に,「ユビキタスネットワーク」と呼ばれる「いつでも, どこでも, だれとでも」情報収集やコミュニケーションが可能となる世界が現実のものになってくる.
> 　ユビキタスネットワークは, 単に繋がるだけではない.
> ・繋がることによってリソースが同じ空間にいる必要がなくなるということ
> ・違う空間にいるリソース同士をむすびつけること
> といった役割を果たしていく.
> 　このようにして, 今までには考えられなかったような, 新たな付加価値サービスやビジネス体系を創出する「e-コラボレーション」が生まれるようになる.

　今振り返れば, 筆者らが提唱したe-コラボレーションの概念はDXにおけるデジタルビジネスエコシステムに近いことが分かる. たとえば, 2003年9月に食品流通分野におけるエンドツーエンドのサプライチェーンを効率化するために, 図1-1に示すユビキタス・プラットフォームを適用して食品トレーサビリティ実証実験を実施した. このユビキタス・プラットフォームでは, 商品情報のトレーサビリティ機能, アクセス権限管理機能, セキュリティ機能を実現した. この事例は, 食品流通分野における生産者・配送者・卸業者・販売者・消費者が構成するデジタルビジネスエコシステムの初期の例になっているといえる.

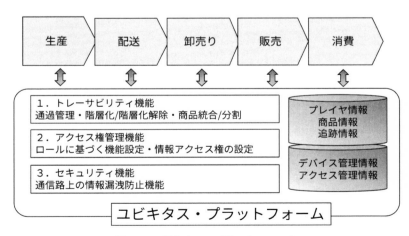

図1-1　ユビキタス・プラットフォーム

（4）モバイル・クラウド時代

　モバイル・クラウド時代（2006～2016年）にはユーザが使用する端末が
スマホになり，高性能なコンピューティング環境を活用できるようになっ
た．その結果，SNSの利用が急速に発展した．一方で，クラウドの登場に
よりサーバ側でも高性能な計算能力を複数のユーザが同時に活用できるよ
うになったことから，IaaS，SaaS，PaaS，P2Pなどの共同型計算基盤が
発展した．さらにマイクロサービスが登場し，クラウドサービスの発展と
ともにOSSが急速に普及した．

（5）アフターデジタル時代

　アフターデジタル時代（2017年～現在）とそれ以前の4時代（ビフォー
デジタル時代と呼ぶ）との決定的な違いは，登場する技術の多様性と同時
性である．ビフォーデジタル時代には数種類のIT技術が段階的に登場して
いたにすぎなかったので，それぞれの技術になんとか適応することができ
た．ところが，表1-1に示したようにアフターデジタル時代には同時に多
様なIT技術が誕生し，それらを用いてシステム開発を行わなければならな
い．個々の技術を活用するだけではなく，多様な技術を統制することが重
要になっているのである．
　DXで生き残る従来企業の割合は，わずか8％にすぎないという報告が
ある[13]．従来企業は，収益の悪化が顕在化する前に大胆なDXに舵を切り，
持続的成長を遂げる必要がある．

1.2 本書の用語

　以下では，本書の主題である「DX」を理解するために必要となる用語を簡潔に説明する．詳しい説明が必要な用語は，第2章以降で改めて取り上げる．例えば，「DX」については複数の定義を第2章で説明する．

DX（Digital Transformation, デジタル変革）

　デジタル技術を用いてデジタル企業を実現すること．本書ではDXとデジタル変革を同じ意味で使用する．

デジタル企業（digital enterprise, デジタルエンタープライズ）

　デジタル技術を活用して顧客価値，従業員価値，連携企業価値を創造するデジタル製品やデジタルサービスを提供する企業．

エコシステム(ecosystem)

　生態系．情報技術分野でエコシステムという場合，サプライチェーンを構成する企業が連携して，エンドツーエンドで価値を創造する相互作用システムのこと．

デジタルビジネスエコシステム(digital business ecosystem)

　複数のデジタル企業連合によるエコシステム．

エンタープライズ(enterprise)

　組織体．企業，公的機関，企業連合など．

アーキテクチャ(architecture)

　指定された性質を満たす構成要素とその関係．

エンタープライズアーキテクチャ(EA, Enterprise Architecture)

　組織の目的を迅速に達成するために，ビジネス，データ，アプリケーショ

ン，テクノロジーなど組織が持つ要素を適切に記述し構成する方法．

デジタルエンタープライズアーキテクチャ (DEA, Digital Enterprise Architecture)

デジタル企業のエンタープライズアーキテクチャ．

ビジネスプロセス (business process)

顧客に価値を届けるために構成された一連の活動．

ビジネスモデル (business model)

顧客に価値を届けるために連携して活動する複数の組織間の相互作用．

ビジネスケイパビリティ (business capability)

事業能力．組織体がビジネスを遂行する能力．

デジタルケイパビリティ (digital capability)

デジタル化された事業能力．デジタル技術を活用して目的を達成するために組織が持つ事業能力である．

老朽システム (legacy system)

従来技術によって個別最適に構築された企業情報システム．複雑化大規模化してブラックボックス化しているため，実時間でデータを活用できないなど，ビジネス変革に迅速に対応できないという問題がある．

第2章

DXレポート

本章では以下について説明するとともに，2025年の崖を越えるためにどうすればよいかを考える．

（1）DXの定義

（2）2025年の崖問題

（3）老朽システムへの対応策

（4）DXレポートの限界

2.1　DXの定義

　経財産業省は，2018年9月にDX（デジタルトランスフォーメンション）レポート[1]を発表した．我が国では既存ビジネスのためのITシステムが大規模化・複雑化・老朽化しており，デジタル技術を活用した新たなビジネスを創造するための十分な投資ができない企業が少なくないという問題がある．このため，現状のITシステムの課題とその対応策を議論する研究会がまとめた報告書がDXレポートである．筆者は，経済産業省による「デジタルトランスフォーメーション(DX)に向けた研究会」委員としてDXレポート[1]ならびに，DX推進指標[2]の策定に参加した．DX推進指標は，DXに対する企業の取り組み状況を「見える化」するための質問項目からなる指標である．

　経財産業省の「見える化」指標と診断スキーム構築に向けた全体会議でまとめたDXの定義は，次の通りである（図2-1）．なお，現在は「見える化」指標はDX推進指標に変更された．

企業が，
・ビジネス環境の激しい変化に対応し，
・データとデジタル技術を活用して，
・顧客や社会のニーズを基に，
・製品やサービス，ビジネスモデルを変革するとともに，
・業務そのものや，組織，プロセス，企業文化・風土を変革し，
競争上の優位性を確立すること

ここではDXの主語は企業になっているが，「企業の競争優位性を確立する」のは経営者であり，経営者が企業を「デジタル企業」に変身させることがDXである．

　このように述べると，デジタル企業をどのように定義するのかという声がしばしば聞こえてくるが，それができないような企業はDX時代には消滅していることだろう．なんとしても定義しなければならないことを認識すべきである．なお，5.2節で経財産業省の定義以外のDXの定義についても紹介し，比較する．

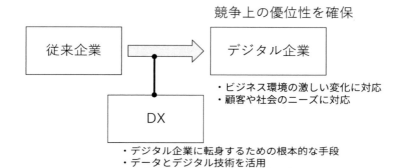

図2-1　DXの定義

（1）DXの分類

　筆者はDX研究会で，DXを推進するためには，DXによる老朽システム（レガシー）移行問題とDXによる新規ビジネス創出を分けて考えるべきだと主張した．そして，たとえば次のようにDX1とDX2を定義すべきだと提案した．

・**DX1**：老朽システムをデジタル技術で移行する
・**DX2**：デジタル技術で新ビジネスを創出する

　DX研究会では，両者を明確に分離できないことを理由にDX1とDX2に分けるべきではないという結論になった．ところが，研究会の後半に老朽システム移行問題と新ビジネス創出問題が混乱したレポートになっているという意見が出てきた．これを見越して最初から定義を明確にして両者を分けるべきだと主張したのだが，結果的にレポートではこの点が曖昧になった．

　もしDXに本気で取り組むのであれば，やはりDX1とDX2に明確に分ける必要がある．実際に国際会議の場でこの2種類の定義を話したところ，海外の研究者からは同意が得られた．また，ユーザ企業対象のDX関係のセミナーで，この分類を最初にしておかなければDXがうまくいかないと話したところ，大いに納得された．

（2）DXに向けた段階的な変革期間

　「デジタルトランスフォーメーションに向けた研究会」では，DXを「準備期間（DX前）」，「移行期間（DX中）」，「DX運用期間（DX後）」の3段階に分けて考えるというアイデアが生まれた（図2-2）．一気にDXを達成するのは無理があるという，産業界からの抵抗が強かったためだ．しかし準備期間は2020年で終了し，2021年にはDXに向けた移行に着手する必要がある．

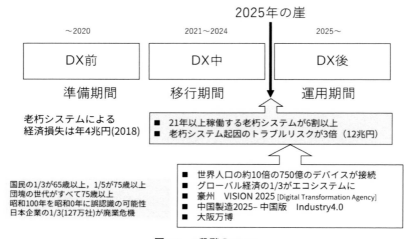

図2-2　3段階のDX[1]

　DXレポートでは，後述する「2025年の崖問題」を定量的に見ると，2025年には21年以上稼働する老朽システムが6割以上になり，それらに起因するトラブルリスクが3倍になる一方で，世界人口の約10倍の750億のデバイスがネットワークで接続され，グローバル経済の1/3がエコシステムになることが示されている．また，豪州政府のデジタル変革局が策定した「豪州VISION 2025」や中国版Industry4.0である「中国製造2025」などが完成する時期でもある．

　これに対して日本は，2025年には国民の1/3が65歳以上，1/5が75歳以上，団塊の世代がすべて75歳以上になる．また，2025年は昭和100年

でもあるので，さまざまなシステムが昭和0年に誤認識する可能性も指摘されている．さらに，日本企業の1/3（127万社）が廃業の危機を迎える．このように，2025年をただ待っていては沈没することになりかねない．いますぐ，DXに取り組む必要がある．

2.2　2025年の崖問題

　21年以上稼働する老朽システムが2025年に刷新されない場合，システム全体の6割以上が老朽システムになる．DXレポート[1]では，「2018年現在の老朽システムによる経済損失は年間4兆円であり，日本で老朽システムを刷新してDXを断行できない場合，2025年以降はその3倍の年間最大12兆円もの経済損失が発生する可能性がある」ことが指摘されている．これが「2025年の崖」であり，以下で説明する要因が複合的に作用することによって生ずる．

（1）老朽システムの状況

　DXレポートでは，8割以上の日本企業が老朽システムを抱えていること，約7割の日本企業が老朽システムがDXの足かせだと感じていることを指摘している．老朽システムがDXの足かせになる理由は，既存システムが長期にわたって運用されてきた結果，仕様が複雑化しただけでなくシステムの全容が不明になって，ブラックボックス化している点にある．このため，以下の問題が発生する可能性がある．
　①新しいデジタル技術を導入したとしても，既存のデータを十分に活用しきれず，データ連携効果が限定的になる．
　②既存システムが現場の業務プロセスと密結合しているため，デジタル技術導入に伴う業務プロセス変更によってシステムリスクが顕在化することを恐れる，現場サイドの抵抗が大きい．
　デジタル企業では，迅速にビジネスを変革する能力が求められる．ところが老朽システムを抱えたままではそれが難しい．したがって，まずは老

朽システムを解体し，ビジネスと緊密に整合する独立性の高い疎結合のコンポーネントによって IT システムを構成するよう変革すべきである．老朽システムの問題を解決しないことには，日本では DX が進展しないといってよい．

（2）老朽システムがもたらす経済的損失

老朽システムは，それらを構築した経験者が定年退職してシステムの全容が不明となり，ブラックボックス化している．ユーザ企業が情報システム構築を IT ベンダに丸投げして，自らが要件を継続的にマネジメントしてこなかったことが原因である．

一方ベンダでも，若手はモチベーションの上がらない老朽システムの維持管理を避けて転職するので，人手不足になり維持管理費が高騰する．また，老朽システムのサポートが終了するとトラブルリスクが上昇するうえ，ブラックボックス化しているのでトラブル発生時には問題対策に時間がかかり，さらに経費が上昇する．

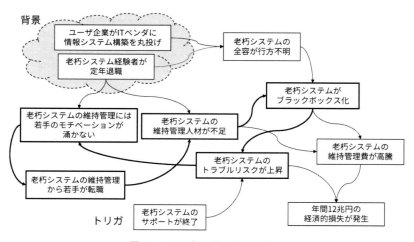

図2-3　2025年の崖を読み解く [1]

図2-3に示すように，否定的な問題がさらに否定的な問題を呼びこむことでポジティブフィードバックが形成され，企業はあっという間に崖から

転落して，消滅の危機にさらされていく．これが2025年の崖である．年間12兆円の経済的損失があるというよりも，企業そのものが存続の危機にさらされていることを認識すべきだ．

（3）IT人材配置問題

DXレポート[1]によれば，ユーザ企業とITベンダに所属するIT人材の割合は，日本では28％と72％，米国では65.4％と34.6％である（図2-4）．これを受けて，DXレポートではDXにおいては米国型のIT人材配置が必要だと指摘している．

日本では，ユーザ企業は繁忙期など必要なときにIT企業からIT人材を確保し，そうでないときは削減するという機能分担の仕組みが成り立っていた．しかしデジタル技術が定常的に発展していく現代では，企業が常に優秀なデジタル人材を抱えておき，迅速に変化に対応する必要がある．従来型のIT人材確保の仕組みでは，ユーザ企業とIT企業にIT人材が分散することによりコミュニケーションが遅れたり，相互理解が不十分になったりするなどの問題が露呈している．

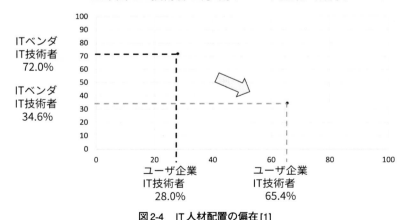

図2-4　IT人材配置の偏在 [1]

　現在では，デジタル技術を活用して市場に新たな製品やサービスを迅速に投入する必要がある．そのためには，大規模システムの仕様を策定してから開発するような従来型のシステム開発から，アジャイル型開発に移行する必要がある．また，システムアーキテクチャは小規模コンポーネントをサービス化して疎結合するマイクロサービスが主流になっている．

　従来のようにIT人材を外部のIT企業から確保すると，組織が異なるため，契約プロセス面，意思疎通面，知財面での分割損が大きくなって，迅速な製品・サービスの展開が難しい．これからは，デジタル技術を活用した新しいビジネスを創出し続けるために，ユーザ企業自身が優秀なIT人材を雇用し続ける必要がある．

　米国では，必要がなくなれば制度上いつでも手放せることも，ユーザ企業でIT人材を抱えることができる理由の一つである．しかし，今後は日本でもIT人材の配置を米国型に変化させなければ，革新的なビジネスを創出していくことは難しい．

　ここで，エンタープライズアーキテクチャ (EA, Enterprise Architecture) を考えてみよう．EAは組織の目的を迅速に達成するために組織が持つ要素を適切に記述し構成する方法で，ビジネスアーキテクチャ，情報システムアーキテクチャ，テクノロジーアーキテクチャの3つがある．もし，IT企業に所属するIT人材の1/3だけでもビジネスアーキテクチャを修得すれば，ユーザ企業のIT人材と合わせて52％のIT人材がユーザ企業のビジネス創出に貢献できる可能性がある．これは米国のユーザ企業IT部門の人材の65.4％には劣るものの，それに匹敵する数字である（図2-5）．日本のIT企業がIT人材を2倍に増やすよりも，EAを修得したユーザ企業のIT人材を活用する方が社会的コストを軽減できると考えられる．

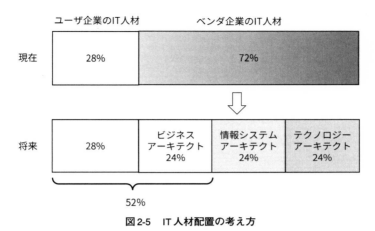

図2-5　IT人材配置の考え方

2.3　老朽システムへの対応策

　DXレポートでは，老朽システムへの対応策として以下を提示している．
①「DX推進システムガイドライン」の策定
②「見える化」指標，診断スキームの構築
③ITシステム構築におけるコスト・リスク低減策
④ユーザ企業・ベンダ企業の目指すべき姿と双方の新たな関係の構築
⑤DX人材の育成・確保
⑥ITシステム刷新の見通し明確化
　筆者は，とくに①～③について具申した．以下ではこの3点について説明する．

（1）DX推進システムガイドライン

　DXの加速のためには，DXを実現する上でのアプローチを示した「DXを推進するための新たなデジタル技術の活用とレガシーシステム刷新に関するガイドライン」（DX推進システムガイドライン）を策定する必要がある．「なんちゃってDX」の横行を防ぐために，DXを統制する方針や原則

を明示的に定義し，遂行中のDXがそれらに準拠しているかどうかを確認
することが重要だ．
　DX推進システムガイドラインの目的は，次の2つである．
　①経営者がDXを実現する上で，基盤となるITシステムに関する意思決
　　定に際して押さえるべき事項を明確にすること．
　②取締役会メンバーや株主がDXの取り組みをチェックする上で活用す
　　ること．
DXレポートでは，表2-1に示すようなチェックリストの形式で，ガイドラ
インを提示している．

表2-1　DX推進システムガイドラインの例

分類	項目	ガイドライン
経営戦略における DX の位置づけ	経営戦略における DX の位置づけ	DX が，自社の経営戦略を実現するためのものとして位置づけられているか
	経営戦略と DX の関係	どの事業分野にどういった戦略でどのような新たな価値（新ビジネス創出，即時性，コスト削減など）を生み出すことを目指すか
		どのようなデータを収集・活用し，どのようなデジタル技術を使って，何の仕組みを実現するのか
	スピーディーな変化への対応力	DX の目指すべきものが明確になっているか
DX 実現体制	IT システムの基本構想検討体制	IT システムの基本構想を検討するための体制（組織や役割分担）が整っているか
	経営トップのコミットメント	T システムの基本構想を検討するための体制（組織や役割分担）が整っているか
	デジタル技術活用方針	ビジネスや仕事の仕方そのものの変革へのコミットが不可欠であり，経営トップ自らがそのプロジェクトに強いコミットメントを持って取り組んでいるか
	事業部門のオーナシップ	事業部門が責任を持って，仕様決定，受入テストを実施しているか
	ユーザ企業の要件定義能力	ユーザ企業が何をやりたいか示しているか

　以下では，経営戦略におけるDXの位置づけについて説明する．DXは
Digital Transformationつまりデジタル変革を示す動名詞で，主語と目的
語は経営者と企業である．経営者が企業をデジタル変革することによりデ
ジタル企業に発展させることが，DXの意味だ．

「DXの目指すべきもの」は，「デジタル企業」であり，デジタル企業では，「経営戦略とDXの関係」を明らかにする必要がある．つまり，どの事業分野にどういった戦略でどのような新たな価値（新ビジネス創出，即時性，コスト削減など）を生み出すことを目指すか，どのようなデータを収集・活用し，どのようなデジタル技術を使って，何の仕組みを実現するのか，ということを具体化する必要がある．

以上をふまえた経営戦略におけるDX推進ガイドラインを，次の通りまとめる．

経営戦略におけるDXの位置づけ

DXが，自社の経営戦略を実現するためのものとして位置づけられているか．

経営戦略とDXの関係

どの事業分野にどういった戦略でどのような新たな価値（新ビジネス創出，即時性，コスト削減など）を生み出すことを目指すか．

どのようなデータを収集・活用し，どのようなデジタル技術を使って，何の仕組みを実現するのか．

スピーディーな変化への対応力

DXの目指すべきものが明確になっているか．

---

(2)「見える化」指標

ユーザ企業が自社のITシステムを正確に把握できていなければ，適切にデジタル技術を活用するためのシステム環境整備に取り組むことができない．また，老朽化・複雑化・ブラックボックス化した既存システムは，DX推進の足かせになっている．このような場合，ユーザ企業自身がITシステムの全体像を把握できるように，「見える化」指標と，それを用いたITシステムの診断手法を構築する必要がある．簡易な形で統一的に情報資産を「見える化」するためには，以下の問題がある．

①ベンダ企業やコンサルティング企業等において独自にITシステムが構

築されているが，指標が統一されていない.

②異なる指標を用いたユーザ企業が診断結果を比較できない.

③ベンダ企業は，他社が行った診断結果を基にしたITシステム再構築の依頼を受けるのが困難である.

④ユーザ企業の経営者がシステムの現状や課題を放置した場合のリスクが経営上の重要な課題であることを，正しく理解できるような指標が整備されていない.

以下に，具体的な対応を述べる.

評価指標の策定

　ITシステムの現状，DX実現体制，DX実現プロセスを評価できる指標を策定する. 策定にあたっては，簡易な形式で民間ベンダ企業等が評価でき，また，経営者が経営上の課題として問題点を認識できるようにする. さらに，評価が低かった場合にどういったアクションをとるべきかを示唆できるようにする.

診断方式の構築

　中立的な組織に人材を集めて，評価指標の検討や診断を実施する体制を構築する. 診断ノウハウ等をスキルセットとしてまとめ，担い手を拡大していくこと等，多数の企業に対応できるようにする.

診断の報酬の検討

　診断の結果，高評価を受けた企業を優良認定することを検討する. また，経営者に他社や業種内での自社の位置づけ等を示すツールとして利用できるように設計する.

（3）ITシステム構築におけるコスト・リスク低減策

　DXレポートでは，ITシステム構築のコスト・リスクを低減するための4課題として，①刷新後のシステムが実現すべきゴールイメージの必要性，②廃棄の重要性，③マイクロサービスによる細分化の必要性，④協調領域における共通プラットフォーム構築の必要性を指摘している. 筆者は，①，③，④への対策として以下を提言した.

「DX参照アーキテクチャ」の策定

　経営者，事業部門，情報システム部門等プロジェクトに関わるすべてのステークホルダが，DX化によるシステム刷新後の目標設定を共有する必要がある．このため，刷新後のシステムが実現すべきアーキテクチャを示す「DX参照アーキテクチャ」を策定する必要がある．

システム刷新におけるマイクロサービス等の活用

　システム刷新後には，新たなデジタル技術が導入されビジネスモデルの変化に迅速に追従可能になっている必要がある．そのためにはシステムがモジュール化された機能に分割され，短いサイクルでリリース可能な状態にしなければならない．そこで，ビジネス上頻繁に更新される機能はマイクロサービス化し，アジャイル開発により段階的に刷新するというアプローチも考えられる．マイクロサービスによって，仕様を明確にできる部分から開発を進めることとなるため，刷新に伴うリスクの軽減も期待できる．

協調領域における共通プラットフォームの構築

　製品やサービスの競争力に寄与しない非競争領域については，業界内外を含めて業務の共通化やシステムの共通化を図ることができる．この場合，複数の企業が共同でシステムを構築できれば，コストや失敗リスクを下げる有効な手段になると思われる．

2.4　DXレポートの限界

　上述したように，DXレポートではDXの実現施策を提案している．しかし，あくまでも実現施策の必要性と課題を明確にしているのみなので，今後これらの実現施策を具体化していく必要がある．

　「DX推進システムガイドライン」については一般論が説明されているので，各企業でDXの推進策を具体的に定義する必要がある．また，DX推進指標，診断スキームについては試行評価が完了して公開された段階であり，今後，各企業がDX推進指標を用いて自己評価するとともに，必要があれば指標をカスタマイズしていく必要がある．

　ITシステム構築におけるコスト・リスク低減策については，4つの課題を列挙して説明しているだけなので，各企業がこれらのコスト・リスク低減策を具体化する必要がある．また，ユーザ企業・ITベンダ企業の目指す

べき姿と双方の新たな関係の構築についても，その必要性を指摘している
だけなので，各企業が自ら目指すべき姿と相互関係を具体化しなければな
らない．

　DX人材の育成・確保については，必要となるDX知識が欠落しているこ
とが示されており，各企業が自らDX知識を定義して人材育成計画を策定
する必要がある．また，ITシステム刷新の見通し明確化については，デジ
タル技術によるビジネスモデル創出，老朽システムの刷新に向けた「見え
る化」指標の活用，最先端のデジタル技術を熟知したベンダ企業がユーザ
企業のシステム刷新を支援することの必要性を指摘している．しかし，具
体策についてまでは踏み込めていない．

　以上のように，結局のところ，DXレポートでは一般論を展開することは
できても，具体論については踏み込めていない．「DXのソリューション」
ではなく，「DXに向けたソリューションのあるべき姿」を述べているだけ
である（図2-6）．しかし実際には，各企業によるDXの取り組みの具体化
が求められている．

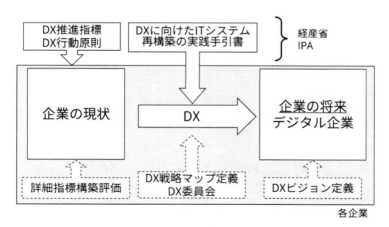

図2-6　DXの具体化

第3章

DX推進指標

　本章では，DXの成熟度を評価する指標について，
以下を解説する.

（1）DX推進指標の背景と意味

（2）DXの評価指標

（3）DX推進指標の構成

（4）DX推進指標の例

（5）DX推進指標の理解

（6）DX推進指標の留意点

3.1　DX推進指標の背景と意味

　DXは一気に実現できるような簡単なものではない．DX能力を組織的に計測する取り組みが必要であり，DXの成熟度を評価しながら段階的に改善していくための指標が海外でも考案されている．また，経済産業省では2025年の崖を越えるためにDX推進指標[1]を公開している．

　DXレポートでは日本企業のDXを推奨しており，企業がDX成熟度を自己診断するためのDX推進指標を提供している．これらのガイドラインにおいては，DXはデジタル技術だけではなく組織文化など多様な内容を含む包括的な用語として扱われ，たとえば，DXビジョン，全社戦略，ロードマップ，顧客体験，DX人材などの用語が明確な定義なしに多用されている．また，これらの用語の関係も曖昧である（図3-1）．このため，多くの日本企業から，「DXは捉えどころがない．もっと限定してくれないと，どうしていいか分からない」という声が上がっている．

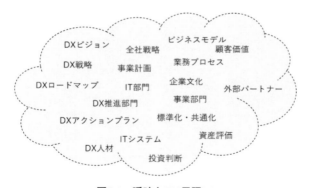

図3-1　曖昧なDX用語 [1]

　一方で，DX推進指標を策定する側は，ガイドラインでは一般的なことしか提唱できないので，個別企業の事情に応じた具体的なDX推進策は，各企業が能動的に判断して実行すべきであると述べている．そこで，DXガイドラインと，各企業が取り組むべき具体的なDX推進策との断絶を埋める手法が必要になる．

3.2　DXの評価指標

　Deakin[2]らは，DXの推進次元として，①焦点化，②スコープ，③適応型設計運営，④迅速性，⑤戦略的リーダーシップ，⑥実行リーダーシップからなる6項目を挙げている（表3-1）．

表3-1　DX の推進次元

次元	項目
①焦点化	1. 組織間で変革目的を共有 2. 財務効果の評価シナリオを定義 3. 現行ビジネスに基づく財務評価 4. 事業成果に紐づくデジタル課題設定
②スコープ	1. 単一機能 2. 単一部門 3. 複数部門 4. 全社的
③適応型設計運営	1. 戦略を事業部門と動的に共有 2. デジタル人材を動的に配置 3. 営業支出をデジタル分野に再配分
④迅速性	1. 社員が協働 2. アイデア創出を推奨 3. 仮説検証を推奨 4. リスクをとることを推奨 5. 優秀な社員の獲得と育成 6 自律的に社員が事業判断
⑤戦略的リーダーシップ	1. 上級リーダが定期的に投資市場を更新 2. デジタル技術に精通する役員がいる 3. CDO を設置 4. CEO の稼動を DX に配分 5. 上級リーダの最優先事項が DX
⑥実行リーダーシップ	1. 役割分担が明確 2. ゴール遂行の説明責任が明確 3. プロジェクト責任者が明確

　DXの推進次元を用いて，DX成功企業とそうでない企業の状況を図示すると，図3-2の通りである．DX成功企業は，すべての次元でそうでない企業の指標値を上回っていることが分かる．Deakinらの調査によれば，成功企業の次元の水準値はその他の企業に比べて約2倍大きい．

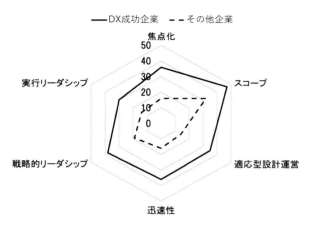

図3-2　Deakin らによる DX 推進次元 [2]

Bughin[3] らは，DXの推進次元として，①製品・流通，②エコシステム，③プロセス，④サプライチェーン，⑤DXが企業戦略と整合，⑥自組織中心的な行動の排除，⑦事業横断的企業文化，⑧顧客との共通認識の形成からなる8項目を挙げている．彼らの調査によれば，DXの成功企業とそうでない企業の水準値の比率は7.8，7.1，3.8，3.2，2.4，1.5，1.2，1.1であり，製品・流通とエコシステムの差が最も大きく，次いでプロセス，サプライチェーン，企業戦略との整合性の差が4～2倍程度大きいことが分かる（図3-3）．

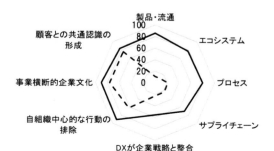

図3-3　Bughin らによる DX 推進次元 [3]

　CorcoranとSpar[4]は，DXの推進次元として，①ビジネスリーダーが
イノベーションを優先，②ITが成長と変化を支援，③技術イノベーション
に投資，④CIOがDX戦略に注力，⑤先端技術に触れる機会を技術者に提
供，⑥イノベーションリーダーの評判で技術者を確保，⑦創造的鼓舞的環
境で技術者を確保，⑧アーキテクチャがビジネスニーズを支援する確信，
⑨3年以内にAIとMLの重点投資，⑩サイバーセキュリティへの理解と投
資からなる10項目を挙げている．彼らの調査によれば，DXの推進企業と
平均的企業の水準値の比率の差は⑥が最も大きく，約2.6倍の差があった．
それ以外の項目については，成功企業のほうが約1.3～1.8倍大きいという
結果であった（図3-4）．

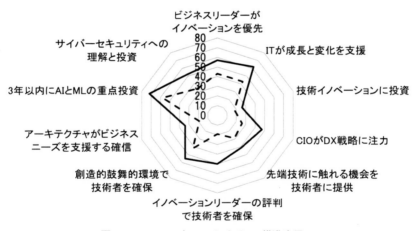

図3-4　CorcoranとSparによるDX推進次元 [4]

　Kane[5]らは，壁，戦略，組織文化，能力開発，リーダーからなる5次元に
基づいて，DXの初期段階，開発段階，成熟段階の特徴を定義している．ま
た，Schumache[6]らは，Industry 4.0成熟度の9次元として，戦略，リー
ダーシップ，顧客，製品，運用，文化，人，統制，技術を提示している．
　KlötzerとPflaum[7]は，戦略開発，顧客への提示，スマート製品，補完
的IT，協働，構造化組織，プロセス構成，競争優位性，イノベーション文

化からなる9次元を提示している．また，DXの成熟度として，デジタル化の認知，スマートネットワーク製品，サービス指向企業，サービス思考システム，データ駆動企業からなる5段階を定義している．

　ハーバード・ビジネス・レビュー・アナリティクス・サービスによるDXの指標[8]では，DXの成功指標として，成長／収益の創出，市場ポジション対競合企業，収益性，業務効率，顧客の定着率，従業員満足度，新製品／サービスの導入，企業文化の変化，市場展開のスピード，顧客の障害価値，IT保守費用対新プロジェクト費用，運用費対設備投資を提示している．これらのKPIのうち，デジタル先導企業では，市場ポジション対競合企業，収益性，業務効率，従業員満足度，新製品／サービスの導入，成長／収益の創出，顧客の定着率がDXの取り組みによって改善したとしている．

3.3　DX推進指標の構成

　DXレポートで提示された「見える化」推進指標は，基本指標，共通指標，個別指標からなる3階層で構成されている（表3-2）．基本指標は健康診断における尿検査や血液検査に対応しており，企業がDXに取り組む状況を概略レベルで迅速・簡潔・客観的に評価できる．共通指標は個別のIT資産評価指標に依存しない共通的な評価指標で，人間ドックに相当する．個別指標は各社が個別的にIT資産を詳細に評価する評価指標で，精密検査に相当する．

表3-2　「見える化」指標のフレームワーク

指標	説明	評価対象	健康診断例
基本指標	DXの現状を概略レベルで迅速・簡潔・客観的に評価	経営とITシステム	尿検査 血液検査
共通指標	個別のIT資産評価指標に依存しないように共通的に評価	ITシステム	人間ドック
個別指標	個別的にIT資産を詳細に評価	ITシステム	精密検査

　基本指標は，経営のあり方と現状のITシステムを概略レベルで「見える化」することができる．そして，ITシステムの現状を評価して老朽システ

ムを変革するためには，共通指標と個別指標を用いる．

　共通指標の目的は老朽システムの仕分けである．たとえば，成長性と収益性の観点から，情報資産を図3-5のように仕分けることができる．成長性と収益性が高い情報資産は老朽システムをデジタル技術で移行し，成長性は低いが収益性が高い情報資産は老朽システムの現状を維持する．収益性が低いが成長性が高い情報資産はデジタル技術で新規開発する．そして，収益性と成長性が低い情報資産は規模を縮小する．

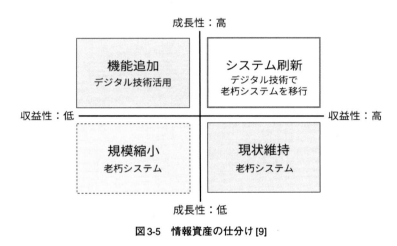

図3-5　情報資産の仕分け[9]

　2019年7月に公開されたDX推進指標[1]は，基本指標である．表3-3に示すように，DX推進（経営のあり方）とITシステム構築という2つの枠組みがあり，各枠組みに定性指標と定量指標がある．

　DX推進指標の成熟度は，表3-4に示すように6段階で定義されている．最上位の水準が「デジタル企業として，グローバル競争を勝ち抜くことができている」となっている理由は，DX推進指標の目的が日本企業の国際競争力を高め，デジタル企業への変革を促すことだからである．

表3-3　　DX推進定性指標の構成

分類	定性指標	定性項目	定量指標	定量項目
DX 推進	ビジョンの共有	変化への迅速対応，顧客価値創出，共有	DX による競争力強化の到達度合い	製品開発スピード，新規顧客獲得割合，支出プロセス効率，決算処理速度，資金回収日数，予算見直しスピード
	トップのコミット	組織整備，予算配分，リーダーシップ，明確化，実践		
	企業文化	失敗の許容，迅速性，体制，KPI 評価，意思決定		
	推進体制	DX 組織，経営・事業・IT 部門の連係，外部連携	DX の取組状況	デジタルサービス化率，デジタルサービス収益，デジタルサービス投資，デジタルサービス人員，デジタルサービス顧客率，DX 試行件数，DX 提携件数，業務プロセスのデジタル化率
	人材育成	事業部門人材，技術人材，人材の融合		
	事業への落し込み	戦略ロードマップ，価値連鎖，持続力		
IT システム構築	ビジョン実現	IT 要素，IT 資産評価，IT 資産仕分け	IT システム構築の取組状況	IT 投資のデジタル比率，DX 人材数，DX 人材育成予算，データ鮮度，サービス改善効率・頻度，アジャイルプロジェクト件数
	IT ガバナンス	体制，人材確保，事業部門の責任，データ活用，ビジネス価値による IT 評価		

表3-4　　DX推進における成熟度レベル

水準	成熟度	状態
5	グローバル市場におけるデジタル企業	デジタル企業として，グローバル競争を勝ち抜くことができている
4	全社戦略に基づく持続的実施	定量的な指標などにより持続的に DX を実施している
3	全社戦略に基づく部門横断的推進	全社戦略に基づき，部門横断的に DX を推進している
2	一部での戦略的実施	全社戦略に基づき，個別部門で DX を推進している
1	一部での散発的実施	全社戦略が明確でない中，部門単位での試行・実施にとどまっている
0	未着手	経営者は無関心か，関心があっても具体的な取組に至っていない

3.4 DX推進指標の例

（1）経営のあり方についての定性的DX推進指標

　DX推進指標は，主質問（キークエスチョン）と副質問（サブクエスチョン）から構成されている．経営者が自ら回答すべき質問が主質問であり，経営者が経営幹部，事業部門，DX部門，IT部門などと議論しながら回答する質問が副質問である．

　DX推進の枠組みについての主質問は，①ビジョンの共有，②危機感とビジョン実現の必要性，③経営トップのコミットメント，④マインドセット，⑤推進・サポート体制，⑥人材育成・確保，⑦事業への落とし込みである．これらの主質問の内容を表3-5に示す．

表3-5　DX推進指標の主質問

DX推進指標の分類	主質問
①ビジョンの共有	データとデジタル技術を使って，変化に迅速に対応しつつ，顧客視点でどのような価値を創出するのか，社内外でビジョンを共有できているか
②危機感とビジョン実現の必要性	将来におけるディスラプションに対する危機感と，なぜビジョンの実現が必要かについて，社内外で共有できているか
③経営トップのコミットメント	ビジョンの実現に向けて，ビジネスモデルや業務プロセス，企業文化を変革するために，組織整備，人材・予算の配分，プロジェクト管理や人事評価の見直し等の仕組みが，経営のリーダーシップの下，明確化され，実践されているか
④マインドセット	挑戦を促し失敗から学ぶプロセスをスピーディーに実行し，継続できる仕組みが構築できているか
⑤推進・サポート体制	DX推進がミッションとなっている部署や人員と，その役割が明確になっているか．また，必要な権限は与えられているか
⑥人材育成・確保	DX推進に必要な人材の育成・確保に向けた取組が行われているか
⑦事業への落とし込み	DXを通じた顧客視点での価値創出に向け，ビジネスモデルや業務プロセス，企業文化の改革に対して，（現場の抵抗を抑えつつ，）経営者自らがリーダーシップを発揮して取り組んでいるか

（2）ITシステム構築の枠組みに関する定性指標

　ITシステム構築の枠組みに関する主質問は，ビジョン実現基盤としてのITシステム構築と，ガバナンス・体制の2つである（表3-6）．

　ビジョン実現基盤についての副質問は，①ITシステム要素，②IT資産分

45

析評価，③IT資産の仕分けとプランニングである．①ではデータ活用，迅速性，全社最適について評価する．②では全体像の把握，IT資産の分析・評価について評価する．③では廃棄，競争領域特定，標準化，共通化，ロードマップについて評価する．

　ガバナンス・体制の副質問は，①体制，②人材確保，③事業部門のオーナシップ，④データ活用人材連携，⑤プライバシー，データセキュリティ，⑥IT投資評価である．

表3-6　ITシステム構築の枠組みに関する定性指標

分類	主質問	副質問
ビジョン実現	ビジョン実現のためには，既存のITシステムにどのような見直しが必要であるかを認識し，対策を講じているか	① ITシステム要素（データ活用，スピード・アジリティ，全社最適） ② IT資産分析評価（全体像の把握，IT資産の分析・評価） ③ IT資産の仕分けとプランニング（廃棄，競争領域特定，標準化，共通化，ロードマップ）
ガバナンス・体制	ビジョンの実現に向けて，IT投資において，技術的負債を低減しつつ，価値の創出につながる領域へ資金・人材を重点配分できているか	①体制 ②人材確保 ③事業部門のオーナシップ ④データ活用人材連携 ⑤プライバシー，データセキュリティ ⑥ IT投資評価

（3）DX推進取り組み状況の定量指標

　DX推進における定量指標には，経営のあり方についてのものとDX実現基盤となるITシステム構築についてのものがある．

　経営のあり方についての定量指標には，①DXによる競争力強化の到達度合いに関する定量指標と，②DXの取り組み状況に関する定量指標がある．①は研究開発スピード，新規顧客獲得割合，支出プロセスにおける効率性，決算処理スピードなどを示す．しかし，これらの指標例は通常の経営指標であり，DXの取り組み自体の指標ではない．

　一方②は，デジタルサービスの割合，利益，投資額，従事者数，顧客数，DXのための試行プロジェクト数，事業連携数，業務プロセスのデジタル化率を例示する．ただし，定量指標は例示でしかないという点に留意する必要がある．

　ITシステム構築についてのDX取り組み状況の定量指標は，経営のあり方についてのDX取り組み状況の定量指標と同様に次の指標が例示されており，各企業が定量評価指標を定義する必要がある．
　・ランザビジネス予算とバリューアップ予算の比率
　・DX事業人材数，DX技術人材数，DX人材研修予算
　・データ鮮度（実時間，日次，週次，月次）
　・サービス改善のリードタイム，頻度
　・アジャイルプロジェクト数

3.5　DX推進指標の理解

　DX推進指標では質問が文章形式で羅列されているため，理解するのが難しい．そこで，分類，質問，証跡例，評価条件の観点から要点を整理すると分かりやすい．たとえばDX推進指標7-1「事業への落し込み」を整理すると，以下の通りである．

> **事業への落し込み**
>
> 分類：戦略とロードマップ
> 質問：ビジネスモデルや業務プロセス，働き方等をどのように変革するか，戦略とロードマップが明確になっているか
> 証跡例：中期経営計画，事業計画，アクションプラン，バランスト・スコアカード
> 評価条件：戦略とロードマップの明確化について，組織の取り組みを評価する．

　図3-6に示すように，対象の状態と組織的な取り組みの範囲という両面の組合せでレベルを評価する必要がある．この両面を両立させるという点が重要である．

戦略とロードマップ

	なし	不整合	部分的	全社的	達成度評価	持続的
グローバル	0	1	2	3	4	5
明確	0	1	2	3	4	4
提示	0	1	1	1	1	1
なし	0	0	0	0	0	0

取組の範囲

図3-6　レベルの評価軸

3.6　DX推進指標の留意点

　前述したように，DX推進指標はDXを進める上での課題認識を取引先企業も含めた関係者間で共有する手段である．高得点をとることが目的ではなく，また，ビジネスモデルは評価対象ではない．とはいえ，DX推進指標を用いた継続的な診断によって2025年の崖[9]を克服することが期待されている．さらに，今後DX推進指標の活用が進展すれば，中立機関によるベンチマーク結果を公開することも考えられる．

　このようなDX推進指標を理解する上で注意すべき点は，以下の6項目である．

①指標の目的

　高い点を取ることではなく，指標による自己診断過程を通じて，議論により関係者が企業の現状や課題を適切に認識・共有することが目的である．

②指標の対象

DX 推進指標はビジネスモデルを評価するのではなく，デジタル企業への対応力を可視化する手段である．

③ IT システム構築

DX にとって不可欠の課題である IT システム構築を，経営者が自発的に理解してアクションできるように配慮した内容である．

④ 2025 年の崖

DX 推進指標の成熟度を向上させてデジタル競争優位性を確保することにより，2025 年の崖 [9] を乗り越えることができる．

⑤ベンチマーキング

中立的組織が，各社の診断結果を収集して他企業や業界の現状を提供する予定である．

⑥取引先との共有

取引先等の関連企業とのコミュニケーション，課題解決支援ツールとして活用できる．

DX 推進指標による企業とベンチマーク関連組織間の関係は，次の通りである．アドバイザが企業に自己診断支援サービスを提供し，中立組織は企業にベンチマーク策定サービスとベンチマーク提供サービスを提供する．企業はベンチマーク提供サービスを利用して，自社の DX 推進指標を他社と比較することによりベンチマーク分析を実施し，課題認識に役立てることができる．

ただし，DX 推進指標は質問を提示しているだけであって，どのように回答を作成すべきかについて具体的な方法を示しているわけではない．たとえば，DX 推進指標 7-1「事業への落とし込み」では，「ビジネスモデルや業務プロセス，働き方等をどのように変革するか，戦略とロードマップが明確になっているか」について質問し，その証跡の一つとして，「バランスト・スコアカード」(BSC, Balanced Scorecard) が例示されている．しかし，BSC とビジネスモデル，業務プロセス，戦略，ロードマップとの関係は明確にされておらず，ビジネスモデル，業務プロセス，戦略，ロード

マップの相互関係についても言及されていない.

　このように，DX推進指標はDXを推進するための道標を提供している
が，どうやってそこにたどり着けばいいかという具体的な手順は示してい
ないのである.

第4章

DXの課題

DXを成功させるためには，その課題を識別して，解決するための対策を考える必要がある．本章では，DXの課題について，以下を説明する．

(1) 日本企業7つの壁

(2) DX課題の類型

(3) DXへの対応指針

4.1　日本企業の7つの壁

　以下に，日本企業がDX推進のために克服すべき7つの壁について解説する[1].

①変革ゴールの壁

　多くの日本企業は業務をデジタル化することがDXであると勘違いしているが，DXのXはTransformation（変革）を意味するので，変革後に「あるべき状態」を実現することが求められる．

　経済産業省が2019年7月に公開したDX推進指標[2]では，「DX推進指標の成熟度を向上させて，デジタル競争優位性を確保することにより『2025年の崖』を乗り越えることができる」と述べられている．ここで，デジタル競争優位性を確保する主体は企業である．したがってDXのゴールは，企業がデジタル技術を活用した独創的なデジタルビジネスを創造し，それを手段として競争優位性を確保することである．企業はDXを推進するにあたって，どのようなデジタルビジネス価値を実現するかを明確にしなければならない

②組織能力の壁

　部門ごとに業務が最適化され，部門間でデータ共有ができないことは，大きな問題である．営業・受注・生産・販売・流通・保守などの部門を横断するサプライチェーン全体が，顧客を含めたデジタルビジネスエコシステムとして構築されるように全社的なDX推進体制を構築すべきである．

③不連続性の壁

　日本企業ではFAXや紙伝票による顧客注文が浸透していることが多い．この場合，DX推進においては顧客の協力が必要になる．またAIによる業務の自動化は，一部に手作業が残ると業務効率が逆に低下する．前後の業務がシームレスに連続するように変革する必要がある．

④デジタル技術の壁

　AI，ビッグデータ，MR，RPA，画像理解，機械学習，ドローン，3D プリンタなど同時多発的に登場する多様なデジタル技術を個別に導入すると，重複や無駄が発生し非効率である．そこで全社視点でDX原則を確立し，デジタル技術を適切に選択するデジタルガバナンスが必要となる．

⑤業務知識の壁

　企業に蓄積されたデータから価値のある結果を引き出すためには業務知識が不可欠で，これを示さずにデータアナリストにデジタルデータを分析させても無意味である．したがって，データだけでなく業務知識の定式化も急ぐ必要がある．

⑥老朽システムの壁

　日本企業の約７割で，老朽システムがDX推進の足かせになっている．IT ベンダに丸投げして開発したそれらの老朽システムを分析して，価値を生む部分とそうでない部分を明らかにする必要がある．

⑦時間の壁

　時間を遡ることはできない．困難な課題を放置すれば，それだけDXのために使える時間が不足し，失敗する．可能な限り早くDX推進に取り組むべきである．

　上述した７つの壁を企業が着実かつ迅速に克服することにより，顧客価値を創造し利益を上げるDXが推進されるであろう．図4-1に７つの壁とその関係をまとめる．

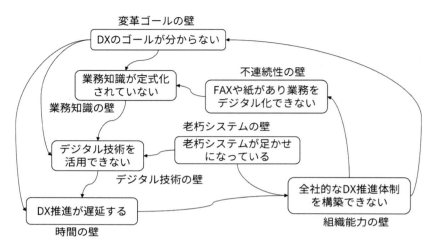

図4-1　DX推進を阻む日本企業の7つの壁[1]

4.2　DX課題の類型

　以下に，これまでに国内外で提唱された，さまざまなDXの課題をまとめる．

Porter ら[3]
①競争の脅威を無視，参入機会の損失
②顧客のいない機能を追求
③組織能力の過大評価

Andriole ら[4]
①すべての企業がDXすべきである
②多くの経営者がDXに飢えている
③他者に破壊される前に自らの産業を破壊すべきである
④業績の良い企業が最もDXプロジェクトを成功させる

⑤DXには破壊的技術が必要である

Bughinら[5]

①曖昧なDX定義
②DX次元の見過ごし
③デジタル経済の意味を軽視
④エコシステムの見逃し
⑤過剰なDXの解釈

Hornfordら[6]

①独自の価値連鎖
②方向性の明確化
③顧客参画・顧客体験
④製品・サービスのデジタル化
⑤デジタルビジネスエコシステム
⑥ビジネスプロセス変革
⑦意思決定の透明性
⑧継続的学習
⑨IT展開の変革

西野[7]

①DX推進をIT部門やITベンダに任せきりであること
②IT部門や人事部門がデジタルイノベーションを阻んでいること
③「DX推進部の新設」がDXの実践だと勘違いしていること

内山[8]

①DXの目的を定義しないままPoCを実施していること
②自組織の業務をデジタル化することに抵抗していること
③立ち上げたDX組織への支援が不十分であること
④実効性のあるDX活動が不十分であること
⑤デジタル企業のあるべき姿の追求が不十分であること

三島[9]
①体制や人材を整備できないこと
②ビジネスリスクが大きいこと
③高品質の「モノ」を作って売ること以外の新しいビジネスのアイデアが
　出ないこと
④他社との協力が難しいこと

　上述したDXの課題を，さらに表4-1に整理する．経営，顧客，業務プ
ロセス，組織文化，ITの観点で課題を分類して，日本と海外で共通の課題
と個別の課題を列挙した．

表4-1　DX課題の類型

分類	日本の課題	共通の課題	海外の課題
経営	DX推進をIT部門やITベンダに任せきりであるビジネスリスクが増加	DXの定義が曖昧ビジョンの欠落経営者がDXに飢えている方向性の明確化の欠落経営層の支援の欠落	競争の脅威を無視参入機会の損失すべての企業がDXすべきであるDX次元の見過ごし独自の価値連鎖の欠落
顧客	ビジネスアイデア創出が困難	顧客参画・顧客体験の欠落	顧客のいない機能を追求デジタル経済の意味を軽視製品・サービスのデジタル化の欠落
業務プロセス	IT部門や人事部門がデジタルイノベーションを妨害	ビジネスプロセス変革の欠落事業展開の欠落デジタルビジネスエコシステムの欠落他社との協力が困難	他者に破壊される前に自産業を破壊すべきである過剰な解釈
組織文化	DX部門の新設だけではDX推進できない体制や人材整備が困難自主性，未来思考の欠落	組織能力の過大評価	好業績企業だけがDXプロジェクトを成功させる意思決定の透明性の欠落継続的学習の欠落
IT	老朽システムの変革		破壊的デジタル技術が必要IT展開の変革の欠落

　なおDXにおいては，AI技術など利用されるデジタルソリューションごとにも課題が生じるので注意する．たとえばAI技術をオフィス業務などへ適用するにあたり，発注側がデータに学習用の情報を付加する作業の重要

性を理解せず，作業が遅延することがある．この結果プロジェクト期間中に必要な出力精度に達することができず，出力精度が低い場合への対応策も十分に検討できていないという状況になる．このような理由で，AIプロジェクトが技術検証段階(PoC, Proof of Concept)で終わることがままある[10]．

4.3　DXへの対応指針

本節では，筆者がこれまでにDX関係の講演会で受けた質問を紹介しながら，DXへの対応に向けた考え方の指針を説明する．質問は，（1）ゴール関連，（2）プロセス関連，（3）体制関連に分類した．

（1）ゴール関連

質問1：DXの方向とは？

回答　経財産業省は，現在の企業をデジタル企業に変革することがDXであると定義している．そこで，DXを経営，事業，ITの観点から分解する（図4-2）．

経営変革では，組織，文化・風土ならびにビジネスモデルを変革することにより，デジタル経営を実現する．

ビジネス変革では，業務プロセスならびに事業能力をデジタル化することにより，デジタルビジネスエコシステムを実現する．ここで，事業能力とはビジネスケイパビリティのことである．

ビジネスケイパビリティは，欧米において企業が提供するビジネスを明確化するために用いられる基本的な考え方であり，事業能力を明確化することにより創出価値の大小で優先順位を付けることができる．現行の事業能力マップ（企業の事業能力を一覧化した図）が定義されていれば，デジタル化の脅威を受けるのはどこか，デジタル化による創出価値が高いのはどこかを明確にでき，優先順位の高い事業能力からDXを推進することで，DXロードマップを作成できる．逆に言えば，現行の事業能力が定義され

ていなければ，デジタル企業のデジタル事業能力を明確にできず，DX推進計画の妥当性を判断できない．

　IT変革では，現行のITシステムをマイクロサービスアーキテクチャによる適応型ITシステムに刷新し，データとデジタル技術を活用できる変革即応アーキテクチャを実現する．マイクロサービスアーキテクチャでは，事業能力と対応する独立性の高いマイクロサービスを疎結合するので，事業能力が変化しても対応するマイクロサービスだけを変更できる．これに対して，DXの足かせになっている老朽システムは機能要素が複雑に密結合しているモノリスアーキテクチャで構築されているため，一部の機能を変更する場合にはシステム全体への影響を確認する必要があり，ビジネス変化に即応できない．これは，単に老朽システムをクラウドに移行すればいいというような単純な話ではない．

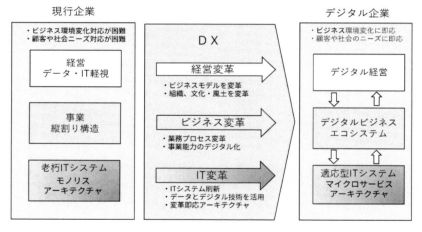

図4-2　経営，事業，ITシステムから見たDX[2]

　なお，既存の老朽システムはそのままに，デジタル技術で別の新しいビジネスモデルを実現してDX対応することもできるとの主張があるが，ビジネス変化は老朽システムが担っている既存事業を直撃するので，それを放置したままDX対応が実現できるとは考えられない．老朽システムがビジネスや環境変化に全く対応できないとは言わないが，時間と経費がかかり

すぎることが問題なのである．しかも，老朽システムを担当している技術者の定年退職により，その維持管理に割り当てられた新人のモチベーションが低下して転職するという例が増えている．一刻も早く老朽システムをマイクロサービス化することが望まれる．

　また，「現行システムにはバッチ処理があるんですが，DXではどうすればいいですか」という質問を受けた．日次，週次，月次などのバッチ処理では，それぞれ1日，1週間，1か月処理が遅れる．このようなバッチ処理もなくさなければ，競争優位性は確保できない．リアルタイムに更新できないサービスがデジタル企業で残っていることはあり得ないだろう．現行のITシステムに捕らわれず，あるべき適応型ITシステムをどう実現するかに向けて早く準備を始めなければ，2025年に間に合わない．2021年から移行すると，残された時間は4年しかない．

質問2：従来のITとDXの違いは何か？

回答　従来のITの目的は，業務を効率化するシステムを構築することである．これに対してDXは，デジタル技術を利用してデジタルビジネスエコシステムの構成要素を構築することである．ソフトウェアを開発するという点はDXもITと同じだが，迅速なビジネス変革を可能にするデジタル企業の実現を目的とするという点が異なる．したがってITの対象とする範囲は特定の業務システムに限定されるが，DXの範囲は経営，事業，ITの統合であり，ITよりも広い範囲が対象である．

　迅速なビジネス変化に対応するために，DXはビジネス要素と対応するコンポーネントからなる疎結合構成になっている必要がある．これに対して従来のITでは密結合構成になっており，ビジネス変化に対応する構成要素の特定とその変更が困難である．

　従来のITはウォータフォール型開発で，要求定義，設計，コード作成，試験という工程が順番に実施される．関係者間の共感が重視されるので，時間をかけてできるだけ反対意見が出ないように多くの機能を盛り込んだ提案が合意されがちである．その結果，機能要求が肥大化し，ガラパゴス化することになる．

　これに対してDXでは，価値を生むビジネスに対応するコンポーネント

を反復的に構築するアジャイル型開発になる．何が市場で求められるかは
やってみなければ分からないという前提で，議論に時間をかけず，仮説を
明確にして反復的に検証することで迅速な意思決定を実施する．以上の内
容を表4-2にまとめる．

表4-2　従来のITとDXの違い

項目	IT	DX
目的	業務を効率化する高信頼システムの構築	迅速なビジネス変革を可能にするデジタル企業の実現
範囲	特定の業務システム	経営，事業，ITの統合 デジタルビジネスエコシステム
構成	密結合	疎結合
開発形態	ウォータフォール型	アジャイル型
意思決定	理解・共感	仮説・検証

質問3：DXの本質的な重要性をトップが認識するために，どのように社内を動かせばよいか？

回答　トップにDXの本質的な重要性を理解してもらうためには，DXの取り組みを経営目標に紐づけ，「儲かるDX」として認識させるとよい．「儲かる」ことには，利益拡大，経費削減，ビジネスリスク軽減などが含まれる．これらはトップが認識している経営目であるから，それらをDXで達成できることが分かりやすく説明する必要がある．

　なお，「儲かるDX」をDBSC（Digital Balanced ScoreCard，デジタルバランススコアカード））で説明する方法を，第8章で説明する．

質問4：DXへの投資を渋る上司などをどのように説得すればよいか？

回答　上司がDXへの投資を渋るのは，投資対効果が合理的に説明されていないからである．したがって，DXへの投資によって得られる経営効果を説明する必要がある．そのために，第8章で説明するDBSCを活用することができる．DBSCのDX戦略マップでは，経営目標，顧客／社員価値，業務プロセスと対応付けて，DXを説明することができる．

質問5：デジタル化とDX化の違いを，B2Bの事例で紹介してほしい.

回答　デジタル化を意味する英単語は，digitization と digitalization の2つである．digitization に対応するデジタル化は「アナログ情報をデジタル情報に変換すること」で，デジタル技術を用いて業務を効率化するという，個別の取り組みである.

　これに対して digitalization に対応するデジタル化は，デジタル企業を実現するための全社に渡る全体的な取り組み，つまりDXのことである．デジタルビジネスエコシステムを構築して，組織全体としての文化面，経営面，プロセス面を発展的に変革し，主要なバリューチェーンの中で新たなビジネス価値を創造するためにデジタル技術を用いることを意味する.

　エクソンモービルが進めている OPAS(Open Process Automation System)[11]のビジネスエコシステムの例を図4-3に示す．OPASはエクソンモービルのプロセスを自動化するためのシステム標準である．OPASのビジネスエコシステムには，ユーザとしてのエクソンモービルだけでなく，サービスプロバイダ，システムインテグレータ，ハードウェアサプライヤ，ソフトウェアサプライヤなど多くの企業が参加し，それらの企業間で流通するデータとアプリケーションのインタフェースはオープンで疎結合にする必要がある．エクソンモービルは，OPASの標準化をオープングループで進めている.

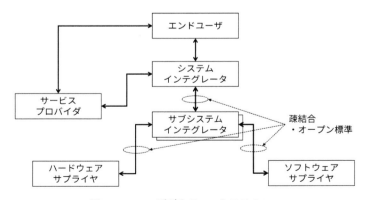

図4-3　OPASビジネスエコシステム[11]

質問6：SDGsとDXの関係とは？

回答　国連開発計画では，17個の持続可能な開発目標(SDGs, Sustainable Development Goals)[12,13]を提示している．それらをサービス目標，環境資源目標，基盤目標で分類すると，次の通りである．

- ・サービス目標

  G1: 貧困，G2: 食糧安全，G3: 健康・福祉，G4: 教育，G5: ジェンダー平等，G8: 労働，G10: 行政，G12: 生産消費，G16: 司法

- ・環境資源目標

  G6: 水資源，G7: エネルギー，G11: 居住環境，G13: 気候環境，G15: 地球環境，G14: 海洋資源

- ・基盤目標

  G9: 産業促進，G17: グローバル・パートナーシップ

　組織をデジタル変革すると，上記のサービス目標を効率的に達成することができる．たとえばインド政府のDX政策 "Digital India" では，司法のDX "eCourts" で裁判の生産性向上を進めている．eCourtsではデジタル技術を用いて裁判プロセスをデジタル化している．また，環境資源目標を達成するためには，環境資源についての大量のデータをデジタル化し，関連組織間で共有・分析するためにDXが重要になる．さらに基盤目標の実現にあたっては，デジタルネットワークを活用して組織をデジタル変革し，デジタルビジネスエコシステムを確立する必要がある．

質問7：DXを実施する上で，企業は何から着手すべきか？

回答　まず，企業の事業能力（ビジネスケイパビリティ）を把握する必要がある．DXの推進組織を編成しても，企業の組織能力を把握できていなければ構想した理念の実現可能性は薄くなり，編成した組織は宙に浮いてしまう．地に足の着いた理念の構想のためには，現在の事業活動についてデジタル化の機会と脅威を適切に評価するところから始めるべきだ．

　図4-4は企業の事業能力とDXに関係する概念間の関係をクラス図で示したものである．クラス図では矩形で概念を，概念間の線で関係を示す．また，黒い菱形が接続する上位概念が複数の下位概念を持つことを．白い三角が接続する上位概念が下位概念を抽象化していることを表す．

　企業は事業能力を介して顧客に商品やサービスを提供することにより，利益を獲得する．事業能力の実現手段は，社員，老朽システム，デジタルシステムから成る．また，事業能力の能力特性は，競争優位性，最適性，外部からの脅威である．一方DXは，老朽システムのDXへの移行，社員活動のデジタル化，デジタルシステムによる新しい事業能力の実現から成る．

　企業が持つ事業能力が明確化できていれば，その特性を分析して理念を構想し，そのための組織を編成することができる．

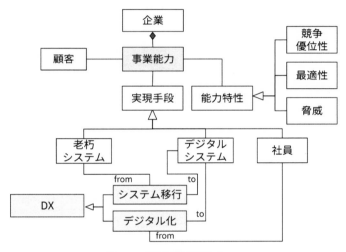

図4-4　企業の事業能力とDX

（2）プロセス関連

質問1：保守的・内向き志向の組織風土の場合，どこから手をつけてDXを進めればいいか？

回答　どのような企業にとっても，顧客と社員は重要である．したがって，顧客価値と社員価値を向上するためのDXから取り組むべきである．その結果，企業の利益が向上し，経費を削減することができる．DXで業務プロセスを変革することによって社員の生産性と顧客対応効率が向上すれば，間接的に顧客価値も向上する．

質問2：トップダウンではなく，ボトムアップの取り組みによるDXの成功事例はあるか？

回答　ボトムアップの取り組みでは部分的な作業のデジタル化にとどまる．部分的な作業をデジタル化しても，その前後の作業がデジタル化できていなければ，エンドツーエンドのビジネスプロセス全体がデジタル化できず，新たな問題が顕在化するだけである．したがって全社的なDXはトップダウンで実施する必要がある．

　全社戦略の一環として，ボトムアップの取り組みを進めたAXAの事例があるが（6.5節（4）参照），ボトムアップの取り組みが成功するにはトップダウンの戦略が不可欠である．

質問3：DX推進指標を試行する際の留意点とは？

回答　留意点は以下の通りである．

①ベンチマーク策定

代表的な企業の例を示すDX推進指標値の組を決める必要がある．

②業種区分の粒度

業種によってDX推進指標を提出した企業数に差があるので注意する．

③定量指標の集計のためのデータ統一

値の解釈に曖昧さがあるDX推進指標があるため，集計時に操作されている可能性がある．

　ただしこれらの留意点は，他社との比較において発生することを注意しておく．自社でDX推進指標を継続的に評価する場合には，これらを考慮して評価指標の定義を明確化すればよい．

質問4：DXの初期段階で小規模のチームでPoCを推進しても，活動の進行とともに既存意識の強い参加者が増えてくる．その説得のためにPoCが停滞することに，どのように対処すればよいか？

回答　新技術の展開過程は，図4-5に示す4段階，すなわち，①問題化，②関心付け，③巻き込み，④動員である[14]．質問の「活動の進行とともに既存意識の強い参加者が増え，その説得のためにPoCが停滞する」という状況は，関心付け段階に該当する．これはDXの有効性を実証し他の関係者

との連携を構築する段階なので，合理的な説得ができなければ，この段階で PoC が終了する可能性が高い．他者との関係構築は必然なので，それを踏まえた対策をあらかじめ講じる必要がある．すなわち，この4段階を経てDX による強い価値ネットワークを社内に確立できることを認識して，適切に準備しなければならない．

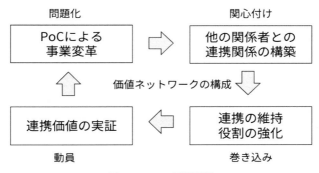

図4-5　DXの展開過程

質問5：具体的なDX方法論は企業が個別に考える必要があるというのは，理屈としてはその通りとは思うが，一歩踏み込んだ説明が聞きたい．

回答　DX についての経済産業省の取り組みについて，このような疑問を感じるユーザ企業やベンダ企業は多い．しかし，このまま問題が解決しないのは困るので，筆者は儲かる DX のための方法論として DBSC を提案した．この DBSC では，DX のための具体的な方法論の筋道を示している．詳細は第8章で述べる．

　ただし企業は，DX 方法論という答えを安易に求めるのではなく，自ら問題を提起して解決策に取り組み，提案するという考え方に切り換えることも必要である．

質問6：DXにおけるRPAの位置づけとは？

回答　ソフトウェアで業務プロセスを自動化する RPA(Robotic Process Automation) による DX の目的は，ビジネス変革である．したがって，RPA で扱うデータが企業全体で活用できることが重要になるので，まず業務デー

タを標準化し，デジタルビジネスエコシステムにRPAが貢献することが重要になる．さらに，個別的なRPAの発生を抑制し全体を統制するための組織のガバナンスが必要である．RPAによるDX事例としてドイツテレコムの取り組みがある（6.5節（5）参照）．

質問7：DXが失敗してしまう企業に足りないものは何か？

回答　DXはあくまでも手段であり，その目的と遂行に必要な能力を明確化する必要がある．そのためには，企業が自らの組織能力を評価することが重要である．

　目的達成のために組織能力を超える能力が必要であるならば，組織能力を無視して目的が計画されているということなので，目的が明確でもDXを遂行することはできない．一方，組織能力が目的達成のために必要な能力を超えていれば，組織の能力を考慮した達成可能な目的が計画されているということなので，目的を達成することができる．この組織能力と目的遂行能力の関係を，図4-6に示す[15]．

(a)能力（目的）＞能力（組織）
組織の能力を無視して目的が計画されていると，
目的は明確でも実行不可能

(b)能力（組織）＞能力（目的）
組織の能力を考慮して，
組織が達成可能な目的を計画・実行する

図4-6　組織能力と目的遂行能力 [15]

質問8：企業はDXの課題をどのように乗り越えていくべきなのか？

回答　DXの課題が認識できているのであれば，それらの重要性を評価して，重要なものから優先的に対応する必要がある．しかし多くの企業におけるDXの課題は，その目的が明確になっていないことである．

　DXの目的はデジタル企業の実現である．したがって，デジタル企業のデジタルケイパビリティを明確に定義し，優先順位を付けて段階的に実現していかなければならない．この過程で実現したデジタルケイパビリティ

の有効性を評価し，必要があれば改善しながら，反復的にDXを継続していくべきである．

ここで，DX候補の優先順位付けについて，創出価値と開発リスクで評価する必要がある（図4-7）．

図4-7　創出価値と開発リスク

高価値高リスク領域は，高い価値創出が期待できるが開発リスクが高いので敬遠されがちである．しかし開発リスクが高いのは他企業にとっても同じなので，開発が成功すれば参入障壁になる．したがってDXで目指すべき領域である．

高価値低リスク領域は他の企業にとっても開発が容易なので，競争が激しくなることを覚悟する必要がある．自社に閉じた業務プロセスであれば，他企業と独立にデジタル化を進めることができる．

低価値低リスク領域は開発リスクが低いので選択しやすいが，創出できる価値が低いのでDXの候補としては成果を期待できない．多くのDXプロジェクトがPoCで停滞する理由がここにある．PoCはうまくできたとしても，事業価値が少なければ事業に展開できないのは当然である．

低価値高リスク領域は開発が困難で成功する可能性が低いだけでなく創出できる価値も低いので，DXの候補にすべきではない．

堺屋太一が，日本の試験制度と企業改革の関係を論じている[16]．試験問題は一意の答えをもつが，実社会の問題には答えがあるかどうか分からず，また複数あるかもしれない．試験では易しい問題から解く受験生のほうが

好成績を上げるので，成績優秀者は社会人になっても易しい問題から解こうとする．

　堺屋は，試験成績の良さは企業の革新性と強い負の関係があり，日本の大企業で新規事業や飛躍的な改革が成功しない理由は成績優秀者だけを集めたからだと喝破する．試験という環境に過剰適応した人材は，社会に出てからもその成功体験から抜け出すことができない．開発リスクの高い候補を避け，開発リスクの低い候補ばかりを追求すると，飛躍的なDXが日本企業で生まれる可能性は低い．

質問9：企業の価値や根本を変革する手段としてのDXとは？
回答　企業の根本は価値を生む事業能力である．つまり企業価値や根本を変革できるDXとは，事業能力を変革できるDXということである．

　このようなDXによって実現されるデジタル企業は，図4-8で示す3階層，すなわち，デジタル経営，デジタルビジネスエコシステム，そして，マイクロサービスアーキテクチャによって実現される適応型デジタルシステムである．

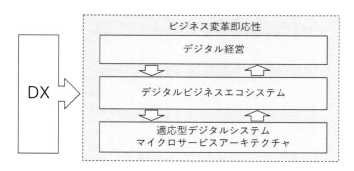

図4-8　企業の変革手段としてのDX

　たとえばSebastianら[17]は，大企業のDXを調査し，以下の手順を示している．
1. デジタル戦略を定義
2. オペレーショナルバックボーンへの投資

3. デジタルサービスプラットフォームを設計

4. パートナーとデジタルサービスプラットフォームを設計

5. サービス文化に適応

上記の手順では，デジタルビジネスエコシステムを形成するためにデジタルサービスプラットフォームが導入されている．また，サービス文化への適合のためには，ビジネスサービスと一体化できるマイクロサービスが必要である．この手順については，8.3節で改めて説明する．

（3）体制関連

質問1：複合企業（コングロマリット）においてDXを効果的に推進している良い事例や，DX推進のための良いアプローチにはどのようなものがあるか？

回答　GoogleやAmazonなどは，デジタル企業が複合化したDigital Conglomerate(DC)[18]の代表例である．DCの強力な武器はデジタルプラットフォームで，その特性は以下の通りである．

・多様性と協働性

・オープンであること

・デジタルデータ流通活用

・エンドツーエンドの顧客体験

・迅速なイノベーション

一方，デジタル企業ではない従来の複合企業のDXは，以下の3階層に分類できる．

①複合企業に含まれる全企業に共通する産業独立DX

②複合企業が扱う産業についての産業DX

③複合企業に含まれる企業ごとの企業DX

これらのDXを連携してDCのデジタルプラットフォームに相当するデジタル基盤を構築し，個別企業の組織がオープンに連携協調できれば，大きな効果が期待できる．

また行政機関は大規模な複合組織の代表例なので，どのように統制するかは重要な課題である．9.3節で，海外の行政組織におけるデジタルガバ

ナンスについて説明する．

質問2：DXを導入しない，あるいは形だけ導入した場合のリスクや危険性とは？

回答　DXを導入しない場合，外部リスクと内部リスクが発生する．外部リスクは競合他社によるデジタル市場の支配やデジタル事業機会の損失であり，内部リスクは老朽システム障害に起因する顧客データ全損失や，老朽システムの維持管理を任された若手社員の流出などである．

質問3：DXの実現のためには，DXに適した環境の用意が必要になるのではないか？

回答　DXの目的はビジネス変革である．したがってDXが行われる環境は，現在の経営・事業・IT環境である．限りなく例外を排した環境を構築してDXを検証しても，ビジネス変革を実現できる可能性は低い．

　たとえば，「自動運転車しか通らない車道」というような実験的な環境で，自動運転車の安全性を確認したとする．しかし，その環境が現実化しない限り，この自動運転車が安全に走行できるとは言えないだろう．DXに適した環境を用意するために，費用と時間を無駄にする必要はない．あくまでもデジタル技術による売上げ拡大と経費削減などのビジネス価値を追求すべきである．

　ここで問題になるのは，技術が生むビジネス価値と技術品質のどちらを優先するかの判断である．日本では，想定外への十分な対処ができていなければ新しい技術を導入できないことが多い．しかし技術の完全性を追求しすぎると，過剰投資になり投資対効果が失われる．DXには，こういった局面に対する経営判断が必要である．

質問4：DXを牽引するためにベンダに期待されることは何か？

回答　ベンダにはDX専用の方法論を提供する能力が必要である．DXの目的は迅速なビジネス変革なので，規模や所有するDXソリューションの数に関わらず，ビジネス分析力を持つITエンジニアの割合が大きいベンダが求められる．

　ベンダはユーザ企業のビジネスを理解し，新たなビジネスモデルやビジネスプロセスを提案しなくてはならない．ただし実現可能性のないビジネスモデルやビジネスプロセスを提案することは，無意味なだけでなく有害である．したがって発注側であるユーザ企業は，DX ソリューションを押し付けるベンダだけではなく，実現を保証できないビジネスモデルを提案するコンサルに特化したベンダにも注意する必要がある．

　また，ユーザ企業の情報システム部門にベンダ人材を送り込んで DX を推進する場合には，属人的なやり方ではなく，客観的で共通性のある方法論に基づき DX 方法論を知識として展開しなくてはならない．したがってベンダは，ユーザ企業に対して DX 推進指標と整合しビジネスを変革するための DX 方法論を提案するとともに，それを用いてユーザ企業のビジネスの継続的変革を支援する必要がある．

　DX 方法論では，DX 用語，DX 戦略，DX ロードマップ，DX プロセス，DX アーキテクチャ，DX リポジトリなどを明確化する必要がある．DX 方法論については，第 7～10 章で説明する．

質問 5：DX で求められるビジネス分析能力は，従来の業務系 SE に求められるものとどう違うのか？

回答　DX ではビジネスモデルやビジネスプロセスと EA を連携し，価値を創造するビジネスアーキテクチャを提案する能力が必要とされる．従来の業務系 SE と同じように業務理解も当然必要だが，それで十分という訳ではない．

　たとえば オープングループ (TOG, The Open Group) が標準化しているアーキテクチャフレームワーク TOGAF(The Open Group Architecture Framework) では，ビジネスアーキテクチャの基礎知識として表 4-3 に示す知識項目を挙げている[19]．DX では，競争力のあるデジタル企業を目指すために，単に業務を自動化するだけでなく新たなビジネス価値を創造する能力が必要になる．

　個別的な業務アプリケーション開発経験しかない業務系 SE がこれらの知識を習得しているとは考えにくいので，DX を推進できるかと言われれば疑問が残る．業務系 SE の方々には，ぜひビジネスアーキテクチャの知識を

習得していただきたい.

表4-3　ビジネスアーキテクチャの基礎知識

知識項目	説明	要素	関係
バリューチェーン	ビジネスがどのように経済価値（お金など）を作るかをマクロレベルで示す	戦略的に関連する活動	活動と価値 主活動と支援活動
バリューネットワーク	ビジネス間に存在する関係や価値交換の領域を説明	エンタープライズの人や役割	有形無形のデリバラブル（価値）
バリューストリーム	組織がステークホルダの価値を創造するビジネスケイパビリティを構成する方法 [定義] ①名称, ②説明, ③ステークホルダ, ④価値	ステークホルダへの成果（価値）を生む付加価値活動	エンドツーエンドの順序関係
バリューストリームステージ	バリューストリームを構成する付加価値活動ビジネスプロセスにマッピング	付加価値活動	バリューストリームの構成要素
バリューアイテム	バリューストリームステージで創造されるインクリメンタルな価値参加しているステークホルダに提供される	インクリメンタルな価値	バリューストリームステージが創造する価値
ビジネスケイパビリティ	役割, プロセス, 情報, 資源から構成される企業の基本的な能力	ビジネスの特定の目的を遂行する能力	バリューストリームで活用される
ビジネスシナリオ	ビジネス要求を識別するために問題, 環境（バリューチェーン, ビジネスケイパビリティ）, 成果, アクタから構成される	ビジネス要求を定義	問題, 環境, 成果, アクタが構成要素

質問6：DXが手段として定着した場合に，どのような未来が訪れるか？
回答　DXが定着すると，多くの企業がデジタル企業に移行する．デジタル企業では迅速なビジネス変革要求が発生するので，ベンダにはそれらを理解してデジタルシステムを構築することが要求される．したがってベンダの競争力が高まると考えられる.

　図4-9に，DX前とDX後のユーザ企業とベンダの関係を示した．ビジネス変革要求を実現するデジタルベンダ企業には，ビジネスを構想するだけでなく実現できるビジネスを提案する能力が求められる.

　DX前のユーザ企業とベンダ企業の関係は，ユーザ企業内に閉じたクロー

ズな世界のITシステム開発である．これに対してDX後のユーザ企業とベンダ企業の関係は，デジタル企業がオープンなデジタルビジネスエコシステムを構築することによりオープンな世界になる．

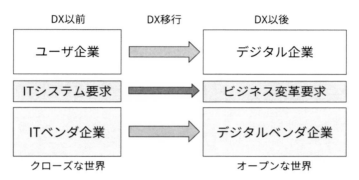

図4-9　ユーザ企業とベンダ企業の関係

なんでもいいから新しいビジネスモデルを提案してくれというのは，無責任なビジネスコンサルに足元を見られて損をするだけだ．ユーザ企業はビジネスの有効性を保証するような契約を締結すべきである．これにより，図4-10に示すように，実現を保証できないビジネスしか構想できないビジネスコンサルは淘汰されることだろう．ITシステムを構築するだけでビジネスについての構想力のないITベンダも同様である．

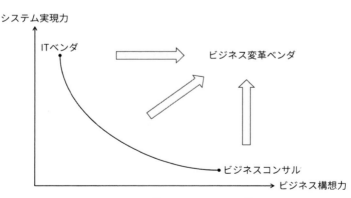

図4-10　ビジネス構想力とシステム実現能力

　永田[20]は2000年に,「顧客要求に応じて固有の競争力を持つ自律的なデジタル企業が動的に連携して製品やサービスを提供する」という,次世代デジタル企業の概念を提案している.これを実現するためには,企業が価値創造モデル,ビジネスモデル,ビジネスプロセスからなるDX戦略を明確に定義するだけでなく,それらの動的な相互連携を保証する「合成適応性」が必要になる.

　このような中で,ビジネス変革ベンダに転身できないITベンダは競争力を失うことになる.またユーザ企業においても,ビジネス変革に対応できず老朽システムのシステム更改をDXに変えた看板だけの情報システム部門は消滅することになる.

質問7：なぜ日本ではDX専門知識が欠落するのか？

回答　盆栽,生け花,茶室,弁当箱,定食,カラオケルーム,カプセルホテルなどに共通するのは,空間や対象を限定してその中で緻密な事物を構築することにこだわる日本人の志向性である.ここに日本でDX専門知識が欠落する理由があると思われる[21].

　特定業務のデジタル化(digitization)であれば,DX専門知識などなくても,デザイン思考やアジャイル開発など,これまでのデジタル知識だけで対応できる.しかしそれだけではビジネスプロセス全体のデジタル化ができないので,企業全体の効率がかえって低下する可能性がある.たとえば,デジタル化で特定業務の効率が上がっても,後続業務がデジタル化できていなければそこで滞留が発生する.逆に先行業務がデジタル化されていなければ,デジタル化された後継業務の効率が向上しても業務全体のスループットは向上しない.

　大域的なDX(digitalization)では,組織全体だけでなく外部パートナーとの連携も考える必要があり,特定業務のデジタル化だけに限定することはできない.したがって大域的なDXでは,デジタル技術以外の知識も含むDX専門知識が不可欠である.

　日本企業の経営層には,特定業務のデジタル化をDXと見なす限定志向に陥るのではなく,DX専門知識に基づく大域的なDXの推進を期待したい.

第5章

DXのための知識

DXを推進するためには，そのための知識が必要
である．本章では，DXについて，以下を解説する．
(1) DXの動向
(2) 用語の定義
(3) DX知識
(4) デジタル知識体系DPBok
(5) デジタルプラットフォーム

5.1　DXの動向

（1）デジタル化競争

　Bughinとvan Zeebroeck[1]によれば，デジタル化競争には，①新たなデジタル企業が既存企業の事業を破壊する競争と，②より早くデジタル化を達成した既存の大企業が同業他社を圧倒する競争の2つがある（図5-1）．ただし，新しいデジタル企業の顧客は，最初は既存企業の顧客よりも少ないので，②の業界内での競争相手にデジタル化競争で先行される影響のほうがより大きいことは明らかである．

　企業が現在の売上や顧客，市場占有率などの地位を維持するためには，デジタル化競争の中でも絶えず進化し続ける必要がある．さもなければ市場から脱落していく．

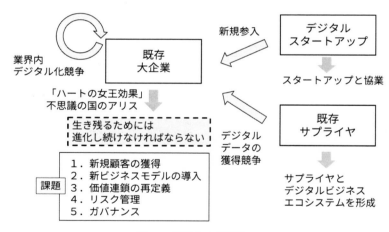

図5-1　デジタル化競争 [1]

　既存の大企業におけるデジタル化の取り組みとしては，以下が考えられる．

　①既存事業においてデジタル技術によって新たな顧客体験を提供することで，新規顧客を獲得する．

　②デジタル技術を活用して新たなビジネスモデルを導入する．

③デジタル技術を活用することにより既存の事業プロセスを見直して，
　新しい価値連鎖を構築する．
また，これらの取り組みにおいては新しいデジタル技術を活用するので，
そのリスク管理とガバナンスが必要になる．

　新興勢力のデジタル企業と既存の大企業は，競争するだけではなく協調
することも重要になる．新興企業にとっては既存大企業が持つ顧客数が，
既存大企業にとっては新興デジタル企業が持つ技術力が大きな魅力になる．
両社の協業によりオープンイノベーションが実現される可能性も高い．

（2）デジタル化の候補

　デジタル化の候補は，表5-1に示すようにデジタルアウトプットと技術
資源の観点で分類できる[2]．デジタルアウトプットとしてのデジタル化の
候補は，顧客エンゲージメントとデジタルソリューションである．技術資
源としてのデジタル化候補は，デジタルサービスプラットフォーム，デー
タ連携，オペレーショナルバックボーンである．

表5-1　デジタル化の候補

分類	デジタル化の候補	例
デジタルアウトプット	顧客エンゲージメント	シームレスなチャネル，顧客要望変化への対応，顧客への深い理解，顧客への個別対応，顧客の層別化，関連コミュニティによる顧客への接近，競合他社の顧客体験と差別化
	デジタルソリューション	情報と洞察による強化，市場機会への対応，顧客ソリューションとの統合，パートナー製品・サービスのシームレスな結合，競合製品と差別化
技術資源	デジタルサービスプラットフォーム	再利用ビジネスサービスリポジトリ，再利用技術サービスリポジトリ，パートナーサービス，外部パートナー用API，内部パートナー用API，センサーデータ分析リポジトリ，ソーシャルメディアデータ分析リポジトリ，クラウドプラットフォーム活用
	データ連携	顧客マスターデータへのアクセス，製品マスターデータのアクセス，トランザクション処理系との連係
	オペレーショナルバックボーン	反復的ビジネスプロセスを自動化，発生源の単一化，エンドツーエンドのトランザクション処理，トランザクションの見える化，オペレーションの高信頼化・安定化，セキュア化，サービス指向アーキテクチャ

　DXを推進するためには，ビジネス変革能力とDXマネジメント実践力

が必要である．表5-2に詳細をまとめる．

表5-2　DXの推進に必要な能力

能力	能力の内訳	具体的な行動
ビジネス 変革能力	迅速性 (agility)	既存製品やサービスの再利用を考慮して迅速に進める
	イノベーション	既存製品・サービスから新しいデジタルソリューションを創造 する
DX マネジメント 実践力	優先順位付け	横断的アーキテクチャレビュ，技術のエンタープライズ優先順 位，基盤のエンタープライズロードマップ，投資管理プロセス， アーキテクチャ原則などを具体化する
	アジャイル開発	反復横断型開発，ユーザ中心設計原則，創造的思考ができる 専門家の採用，最小限の実行可能製品開発方式，サービスサー バの自動割当てなどに留意して開発する
	サービス所有者 説明責任	経費と品質の管理，収益管理，サービス評価，パートナー評 価などについての根拠を明確化する

　価値創造と最適化の観点で製品・サービスとプロセスに対するデジタル
化の候補を整理すると，表5-3のようになる[3]．価値創造にはデジタル連
携製品・サービスとデジタルビジネスエコシステムがあり，新しい価値は
組み合わせによって生まれる．また最適化では，デジタルツイン（digital
twin, 物理的な実体をコンピュータ上で再現するモデル）によって製品や
サービスをデジタル化することができる．プロセスの最適化では，顧客や
パートナーとのオペレーションを効率化・最適化するためのデジタル化が
考えられる．

表5-3　価値創造と最適化の観点からのデジタル化候補

	価値創造	最適化
製品・ サービス	【デジタル連携製品・サービス】 デジタル製品サービスプラットフォームに よる迅速なビジネス展開	【デジタル製品・サービス】 顧客が望む成果に応じたデジタル製品や デジタルサービスを作成 デジタルツインによる最適化
プロセス	【デジタルビジネスエコシステム】 ブランド価値を向上するためにパートナー との協働関係を構築	【デジタルビジネスプロセス】 顧客・パートナーとのオペレーションを効 率化・最適化

　このようなDXの企業環境を図5-2に整理した．この図から，デジタル
プラットフォームによって顧客体験，社員体験，業務プロセス，ビジネス
モデル，パートナー体験を同時に変革していく必要があることが分かる．

たとえば，CX（Customer Experience，顧客体験）によって顧客接点を
デジタル化した結果，顧客から注文が殺到したとしよう．このときバック
ヤードの業務プロセスが旧来のままであれば製品やサービスの供給が追い
付かず，納期が守れない，十分な品質の資材が調達できず品質が低下する
などの問題が発生し，十分な顧客満足を得ることができない．

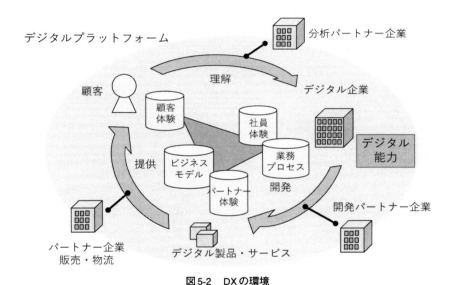

図5-2　DXの環境

PorterとHeppelmann[4]は，デジタル化を①スマートコネクテッドプロ
ダクト，②プロダクトシステム，③システムからなるシステム(SoS, System
of Systems)の3段階に分類している（表5-4）．このうち，SoSがデジタ
ルビジネスエコシステムに相当すると考えられる．

表5-4　デジタル化システムの発展段階

発展段階	内容	例
スマート コネクテッド プロダクト	①製品の監視 ②組込みソフト・製品クラウドによりユーザ体験をパーソナル化し製品機能を制御 ③監視，制御に基づき製品性能の向上，診断，修復により，製品オペレーションを最適化 ④監視，制御，最適化により製品オペレーションを自律化	遠隔操作，修理の自動化 農機具の最適化 採掘設備の最適化
プロダクト システム	製造業者は全体的な結果を最適化する接続機器と関連サービスのパッケージを提供	農作業全体の最適化 鉱山設備システム全体の最適化
SoS デジタル ビジネス エコシステム	調整および最適化が可能な異種製品システムの組合せ 製品ではなく，製品を相互接続するシステムが価値を生む	スマートビル，スマートホーム，スマートシティ 灌漑システム，土壌や栄養源，天気，作物価格，商品先物に関する情報と農業機械を連携して，農場全体を最適化

（3）DXの必要性

　環境の変化に対応できなければ，企業の事業継続は不可能である．たとえば，人口減少と高齢化により社員の確保が困難になることから，業務のデジタル化は急務である．また，デジタル化による市場の迅速な変化に対応するとともに，同時多発的に出現するデジタル技術を適切に活用する必要がある．したがってデジタル企業では，迅速に変化するデジタル市場と多様なデジタル技術の両面に適応するために，デジタルビジネスとデジタルエンタープライズアーキテクチャ(DEA, Digital Enterprise Architecture)を整合するデジタルガバナンスが重要になる（図5-3）．

　また，MuleSoft社が先導的IT企業（800社）を調査したところ，DXについて以下の事実が判明した[5]．

　・28％の企業で，情報システムが連携できていない

　・データサイロがDXを阻害している

　・90％の企業で，5年以内にDXに成功しなければ収益が悪化する

　・73％の企業で，1年以内にDXしなければ収益を失うことになる

以上から，企業内のデータを活用するとともに，情報システムを連携するよう，DXを推進する必要があることが分かる．

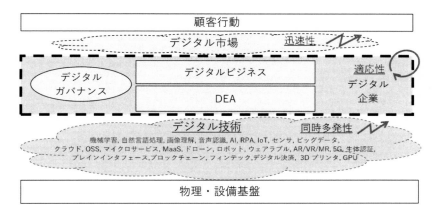

図 5-3　デジタル企業を取り巻く状況

5.2　用語の定義

（1）DX の定義の比較

Stolterman による DX の定義は，次の通りである[6].

【定義】 DX(Stolterman, 2004)

IT の浸透が，人々の生活をあらゆる面でより良い方向に変化させること.

　この定義では，主語が「IT の浸透」になっており，IT で社会を良い方向に変化させる主体は誰なのかが曖昧である. また，本当にあらゆる面でよい方向に変化させることができるのか，その責任を誰がとるのかという問題も含んでいる. なぜなら，「あらゆる面」を具体的に定義できなければ，その実現可能性が低いからである.

　さらに現実的なことを言えば，企業があらゆる面でより良い方向に人々の生活を IT で変化させる責任を持つことには限界がある. この定義は社会進化の方向を述べているだけなので，このような細かいことは議論すべき

ではないかもしれないが，本書で議論する「企業のDXをどう行うか」という課題解決のためには活用できないと言えよう．また，「人々の生活をより良くすること」はDXだけでなく科学技術にも課せられるのであり，この定義はDXの一般原則を述べているにすぎない．言い換えると，Stoltermanは DXによって「人々の生活をあらゆる面で悪い方向に変化させてはならない」ということを主張しているのである．

　これに対して，経済産業省によるDXの定義は次の通りである．

【定義】DX（経済産業省，DX推進指標，2019.7）

　企業がビジネス環境の激しい変化に対応し，データとデジタル技術を活用して，顧客や社会のニーズを基に，製品やサービス，ビジネスモデルを変革するともに，業務そのものや，組織，プロセス，企業文化・風土を変革し，競争上の優位性を確立すること．

　この定義は，DXの主語が企業になっている点でStoltermanの定義より明確である．また，「あらゆる面」などという全称的判断を強要していない点で実現性がある．ここで，Stoltermanと経済産業省によるDXの定義を合成した結果を図5-4に示す．

　図5-4は，EAモデル言語であるArchiMate（第8章，付録B参照）を用いて描かれている．Stoltermanの定義から，要素として「人々」，「生活」，「ITの浸透」，「ITを用いる生活」，「より良い」を抽出した．ここで，「ITを用いる生活」はStoltermanの定義にはないが，ITを用いて人々がより良い生活を送ることを示す新たな生活の「あるべき生活」として導出した．ArchiMateでは，「人々」をアクタ（能動的な主体）とし，「生活」，「ITの浸透」，「ITを用いる生活」をArchiMateのプロセスで表現した．また，「より良い」をArchiMateのゴールで示した．

　経済産業省の定義からは，以下の要素を抽出した．
・現在状態「企業」
・将来状態「デジタル企業」
・作業パッケージ「DX」
・プロセス「業務」「データとデジタル技術を活用」「デジタル化業務」「企業文化・風土」「デジタル企業文化・風土」

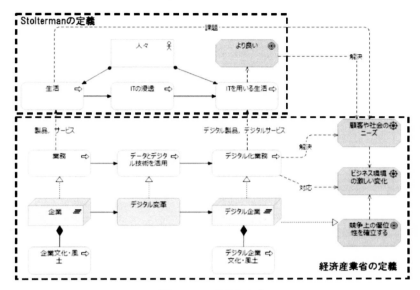

図5-4　DX定義の合成

・外部ドライバー「顧客や社会のニーズ」「ビジネス環境の激しい変化」
・ゴール「競争上の優位性を確立する」
ここで，「デジタル化業務」と「デジタル企業文化・風土」は実現すべき将来像として追加した．なお，図5-4では「企業文化・風土」が「企業」の状態に所属することを黒い菱形の関係で示している．また，白三角の点線は実現関係を表す．

　ここではStoltermanと経済産業省の定義を統合するために，貢献関係「課題」，「解決」とフロー関係「製品・サービス」，「デジタル製品・デジタルサービス」を追加している．Stoltermanの定義だけではより良い生活とは何であるかが曖昧であったが，この定義の統合過程で，現在の生活にある課題がデジタル化で解決されることがより良い生活であると理解できるようになった．

　また木村[7]は，経財産業省の定義に以下の内容を補足することを提案している．

> **【定義】DX（木村，経財産業省の定義への補足）**
>
> それによって企業として安定した収益を得られるような仕組みを作ること.

　企業が継続的に発展するためには利益を追求することは当然であるから，木村による補足は妥当であると考えられる．また，Hornfordら[8]によるDXの定義は以下の通りである.

> **【定義】DX（Hornfordら）**
>
> 　組織の振る舞いとしてのビジネスプロセスをデジタル技術で自動化する変革により，トランザクションの自然な流れについての情報を用いて，企業の経済的成果を改善することができる．内部運営，外部連携ならびに，顧客，パートナー企業，競合企業，行政機関についてのインテリジェンスにまでこの取り組みを拡大できる.

　また，国連開発計画[9]ではdigitizationと対比してdigitalizationを以下で定義している.

> **【定義】digitization**
>
> 既存プロセスを自動化することによって，物理情報をデジタル形式に変換するプロセス.
>
> **【定義】digitalization**
>
> 新たな方法や改善された方法でサービスを提供したり，提供対象の品質を改善するなど，組織のビジネスモデルを変革するために，デジタル技術を活用すること.

国連は利益を追求する組織ではないので，効率的に新しいサービスを提供でき，国連のビジネスモデルを変革できる「デジタル国連」を実現することがDX(digitalization)の目的になると思われる．ビジネスモデルは明確にされていないが，おそらくすべてのステークホルダが幸福になるような相互関係のことであろう.

（2）デジタル企業の定義の比較

　以下では，デジタル企業の定義を比較する．デジタル企業については，Skilton[10]と，Hornfordら[11]，永田[12]の定義がある．

【定義】デジタル企業(Mark Skilton, 2015)

　技術を用いて物理的または仮想的な製品やサービスをデジタルエコシステムで提供する法律に基づく組織構造の形式である．この組織は，物理的かつ仮想的に収益活動を運営することにより，社会的経済的価値をデジタル経済で生み出す．

【定義】デジタル企業（Hornfordら，2017）

　ほとんどの業務プロセスを自動化（デジタル化）したデジタル企業では，ビジネス損失なしに短期間で，外部変化に対する企業の運営を理解，識別，変更ができる．

【定義】デジタル企業（永田守男，2000）

　製品，情報，サービスを地球レベルで供給するだけでなく，顧客の求めに応じて，他の企業（個人，グループ）と地球レベルで協調して新たなものをスピーディーに生み出して提供する仕組みで企業活動を行う主体をデジタル企業と呼ぶ．

　これらの定義を比較した結果を表5-5にまとめる．

表5-5　デジタル企業概念の比較

項目	Skilton	Hornfordら	永田
主体	法的な組織構造	企業	企業活動主体
スコープ	デジタル経済	外部変化に対する企業の運営	地球レベル
価値	社会的経済的価値	—	—
デジタル技術	技術	自動化（デジタル化）	—
エコシステム	デジタルエコシステム	—	組織協調
運営	収益活動	企業の運営	—
迅速性	—	損失なしに短期間	スピーディー
製品・サービス	物理的または仮想的な製品やサービス	—	製品，情報，サービス

　この表に基づいてデジタル企業を総合的に定義すると，次の通りである．

> **【定義】デジタル企業**
>
> 　デジタル技術を活用して，デジタルエコシステムの中で，物理的または仮想的な製品やサービスを生産することにより，デジタル経済における社会的経済的価値を，迅速に創造するグローバルな活動主体としての企業．

（3）デジタル戦略の定義

　デジタル企業を実現するためには，デジタル戦略が必要である．デジタル戦略についてのHornfordらの定義は以下の通りである．

> **【定義】デジタル戦略**
>
> 　デジタル技術の利用拡大により，エンタープライズが経済的利益を最大化するか，競争的優位性を確保するためのゴールの集合がデジタル戦略である．
> 　デジタル技術の利用による自動化領域として，カスタマーエンゲージメント，カスタマーインテリジェンス，パートナー連携，プロセス最適化と生産性改善，イノベーション，製品開発，市場探索がある．

（4）技術的負債の定義

　「負債」の一般的な意味は，過去や現在の活動の結果として，将来，経済的資源を返済することである．たとえば住宅ローンは，住宅を購入した結果として将来に発生する経済的負債である．この経済的負債の意味を情報技術に適用したのが技術的負債 (technical debt) で，過去の情報技術を導入した結果として，将来発生する技術的負債が過去の情報技術的資源を改修することをいう．

　例えばデジタル技術を活用するために老朽システムの改修が必要ならば，これは技術的負債である．また，老朽システムで蓄積したデータをデジタル技術で活用する場合，迅速に必要なデータを発見して抽出・利用する仕組が必要である．もし老朽システムにこの仕組みがなければ，それを構築する経費が技術的負債である．さらに，老朽システムに経済価値を生まない部分があれば，その部分に対する運用経費は無駄である．このような経

済価値を生まない部分も技術的負債であるといっていい.

　なお,技術的負債は過去や現在の活動に対する将来の負債であるから,デジタル技術の活用に際しても技術的負債が発生する可能性がある.たとえばデジタル技術が遵守すべき標準や規則があるとき,迅速な開発を優先してこれらの標準や規則から逸脱した場合,将来,標準や規則に適合するようにすでに開発したデジタル技術を改修するという技術的負債が発生する.

　DXにおける老朽システムとデジタル技術を活用したデジタルイノベーションシステムとの関係を図5-5に示す.DXの対象はデジタル技術を活用してビジネス変革を実現するデジタルイノベーションシステムだけではなく,デジタルイノベーションシステムと相互作用する老朽システムの一部も含まれる.具体的には,ビジネス変革に直接関係する「即応性」が必要な老朽システム領域と,ビジネス変革に間接的に関係して迅速な「データ活用」が必要な老朽システム領域である.この2領域については,ビジネス変革即応性とデータ活用の迅速性を実現するために改修する必要がある.

　6.5節(3)のDX事例で紹介するBBVAでも,DXの初期段階で老朽システムを改修している.そうしなければ,デジタル技術を活用した迅速なビジネス変革を実現できないからである.

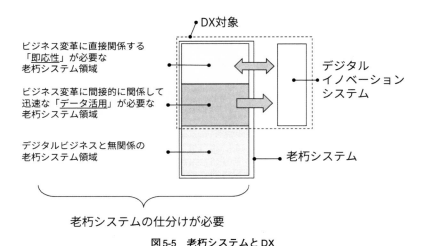

図5-5　老朽システムとDX

Hornford らによる技術的負債の定義は以下の通りである.

【定義】ビジネスおよび技術的負債(business and technical debt)

　アーキテクチャ，ソリューション，ソフトウェア実装のギャップが将来に持ち越されると，運営経費とインシデントからの回復時間の増加がもたらされる．これが技術的負債である．ソリューションのギャップ，実装や経費の選択肢の制限，計画調整の遅れが，ビジネスと技術的負債に共通する例である．

5.3　DX知識

（1）DX知識の必要性

　DX推進指標では,「DX推進に必要な人材の育成・確保に向けた取組が行われていること」を求めている．このため，以下が必要であるとしている．
- 事業部門において，顧客や市場，業務内容に精通しつつ，デジタルで何ができるかを理解し，DXの実行を担う人材の育成・確保に向けた取組が行われていること
- デジタル技術やデータ活用に精通した人材の育成・確保に向けた取組が行われていること
- 「技術に精通した人材」と「業務に精通した人材」が融合してDXに取り組む仕組みが整えられていること

　しかしデジタル技術やデータ活用に精通していても，現行企業をデジタル企業に変革するための専門知識を持っていなければ，限定された個別的デジタルシステムを構築するだけになってしまうのは明らかである．それではデジタル事業能力が有機的に連携するデジタル企業を実現できない.

　4.3節の質問で見たように，DXを推進しようとしている日本企業では，①DXのゴール，②DXのプロセス，③DXの体制をどうするのかが課題となっている．これらの問いに応えるためのDX知識が必要である.

（2）DX知識の構成

　DX知識は，DX参照知識，DX専門知識，一般知識から構成される（図5-6）.

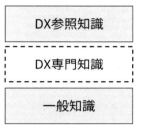

DX参照知識	DX推進指標，DX参照モデル
DX専門知識	DX推進手法，DX成果物モデル DX推進体制
一般知識	EA，ビジネスモデル，ビジネスプロセス デザイン思考，アジャイル開発

図5-6　DX知識の構成

　なお，DX専門知識の中のDX成果物モデルは，DX推進過程で必要となる成果物の知識，DX推進体制はDX推進組織の運営についての知識である.アジャイル開発やデザイン思考などの一般知識は個別的なDXプロジェクトを実現するには役立つが，個別的なDXプロジェクトは断片化する. このため，デジタル企業を実現するための包括的なDX専門知識が必要である. DX専門知識は一般知識と異なり，日本ではまだ明確になっていない.次節ではDX専門知識の例として，オープングループのデジタル知識体系DPBoKを概説する.

5.4　デジタル知識体系DPBoK

　以下では，DXについての知識体系としてオープングループがまとめたDPBoK(Digital Practitioner Body of Knowledge，デジタル専門家のための知識体系）)[13]を説明する.

（1）DPBoKの概要

　DPBoK[13]は，デジタルビジネスカスタマイクスペリエンスWG(Digital

Business Customer Experience (DBCX) Work Group)から提出されたグループワークである．なおDBCXは，その後DPWG（Digital Practitioners Work Group，デジタル実務者WG）になった．

　デジタル化投資は企業だけでなく経済にとっても重要である．また，デジタル化に参加することで個人と共同体にとっても繁栄が生まれる．DPBoKの目的は幅広いデジタル実務家と専門家を育成することである．このため，学術界と実業界の双方に価値をもたらすデジタル知識によって既存知識を更新できるように，ITマネジメントの多様なテーマと要素知識を提供している．

　DPBoKでは，以下の7つの手段がDXのために必要であると述べている．

・ビジネスプロセス変革
・顧客参加と体験
・製品やサービスのデジタル化
・ITと展開変革
・組織文化
・戦略
・ビジネスエコシステム

（2）DPBoKの開発方針

　MisraとBetzがDPBoKの開発方針を紹介している[14]．DPBoKの資料の一部は，St.Thomas大学でBetzによって作成された大学院向けソフトウェア工学の講義資料に基づいている．DPBoKの主な開発方針は次の通りである．

デジタル技術に対する包括的ガイダンスを提供できること

　とくに，ガバナンス(Governance)，リスク管理(Risk Management)コンプライアンス(Compliance)(GRC)，情報管理，アーキテクチャについて対応する必要がある．

最新であること

　産業界の経験と潮流を意識して，クラウド，リーン，アジャイル，DevOps(CLAD, Cloud, Lean, Agile and DevOps)を反映するとともに長く継続的に利用できる必要がある．

資格に基づく内容であること

DPBoK の知識構造は，コンテクスト，資格領域，資格分類からなる．コンテクストと資格領域では，説明と，望ましい能力の成果を列挙する高水準次元を記述する．資格分類の記述項目は，認識，説明，顕著性の証拠，限界，資格例，関連する資格である．以下に，資格の記述例を示す．
・コンテクスト：個別
・資格領域：インフラストラクチャ
・資格分類：Infrastructure as Code(IaaC)
［認識］IaaC はデジタルデリバリの実践で重要である．
［説明］Morris が「IaaS はソフトウェア開発の実践に基づいて基盤を自動化する手法」と述べている．
［顕著性の証拠］この話題が重要であることは，クラウド，DevOps，アジャイル，サイト信頼性開発などのコミュニティで一般的である．Phoenix Project や Morris の例がある．
［限界］IaaC は基盤管理プラットフォームがテキスト成果物で駆動されていない環境では適用できない可能性がある．
［資格例］推奨できる参照資格．
［関連する資格］版管理，構成管理に依存する．パッケージ管理，展開管理と関連する．この話題に依存する話題は，DevOps,運用，サイト信頼性開発である．

有益であることが立証できること

記述内容の産業界における有用性に裏付けがあることが重要である．このため，サーベイ，市場調査，産業界の事例研究とともに，学術研究の成果を提示する．一般性を求めて抽象的なオントロジーの議論をするのではなく，客観的な証拠に基づいて記述内容の有用性を立証できる必要がある．

詳細で客観的な用語で示されていること

用語と概念の記述が詳細，正確，客観的，支援的，臨床的である必要がある．たとえば，プロセスマネジメントを下位概念に分解している．

他のフレームワークと互換性があること

DPBoK の位置付けは標準の標準 (standard of standards) である．DPBoK では，既存の標準を整合・橋渡しするように組み合わせている．

段階的発展的に習得できること

知識体系の学習の進行は重要である．DPBoK は学習の拡張モデル (scaling model) に基づいている．

ケイパビリティベースであること

　ケイパビリティ概念を基本構造として，個別的なプロセスや機能ではなく組織横断的・包括的能力を重視する．

明確で広い範囲のフィードバックチャネルを提供すること

　研修，アドバイス，アセスメントできるように明確で広い範囲のフィードバックチャネルを提供し，多面的ユースケースを例証する．また，たとえば経営者，管理者，技術者，新規要員，ドメイン専門家など，多様な読者を明確にする．

（3）DPBoKの主題

Nambiyurによると，DPBoKの主題は次の通りである[15]．

DXの関係者を対象とすること

　事業従事者（上級管理者，事業部リーダー，中小企業従事者），エンタープライズアーキテクト，初級レベルのアーキテクト，開発者，設計者，プラットフォームおよびドメイン専門家などを対象とする．

デジタル従業員を養成すること

　従業員に対して，価値志向に基づく行動についての知識，製品や機能ではなく顧客体験の世界を理解するための知識，俊敏性と迅速性の価値を理解できる知識を提供することにより，デジタル従業員を育成する．

すべての市場分野を対象とすること

　スタートアップを含む小規模市場（イノベータと初期移行者），team of teamsを含む中間市場（イノベータとレスポンダー），レスポンド，イノベーション買収，大企業などを対象とする．

全分野に対するオペレーションをガイドすること

　部分的なデジタル技術の活用が相互作用としての創発 (emergence) を生むことを尊重し，安全性，生産性，経費，市場即応性のためにデジタル知識標準を指導する．また，迅速にデジタル技術を活用できるように反復，応答，イノベーション，市場参入，市場からの退出を指導し，既存の業務を破壊しないようなデジタル知識の活用を指導する．

（4）DPBoKを構成する主な既存知識

DPBoKは，Agile EA，IT Management (IT4IT)，Digital Platform OP3.0を組み合わせて構成されている[13-15]．Agile EAは，EAがないところから段階的にちょうど良い(just enough) EAを開発するための方法である．アジャイル手法を定義すること，アジャイルスプリントをガイドし制約すること，依存関係を解決することができる．

IT Managementでは，オープングループが標準化しているIT4ITを活用する．IT4ITはユーザ企業が共通的に活用できるIT活動のための参照アーキテクチャを提供しており，マイケル・ポーターが『競争優位の戦略』で提唱した価値連鎖（バリューチェーン）に基づいて，ITの開発運用保守活動を体系化している．IT ManagementとしてIT4ITを活用することにより，ビジネスの価値連鎖全体で業界横断的に共通のIT問題を解決することができる．

Digital Platform OP3.0は，DXの開発，展開，運用のすべての工程で必要となる参照アーキテクチャを提供する．OP3.0の最上位の消費者はデジタル開発者である．

なお，DPBoKでは参照すべき標準としてPMBOK，COBIT，TOGAF，ITIL，DMBOK，SWEBOK，IT4ITを挙げている．

（5）DPBoKの構成

DPBoKの構成を以下にまとめる．

はじめに

導入，参照，内容，適合，助動詞の用法，重要語についての情報．

DPBoKの原則

この知識体系が発展，維持管理され，デジタル従業員が資格認定される原則についての情報．

DX

DX とは何か.

DPBoK の構成

知識体系の構成についての考察と概要.

コンテクスト I：個人／創設者 (Founder)

デジタル価値を展開するために必要な最小能力.

コンテクスト II：チーム (Team)

デジタル価値を生産するために必要となる重要な経験と協働スキル.

コンテクスト III：チームのチーム (Team of Teams)

結合性，整合性，複数のチームを越えた共同実行で鍵となる能力

コンテクスト IV：エンタープライズ (Enterprise)

経営，リスク管理，規模と時間帯の拡大.
複雑化するエコシステムにおける性能の保証についての高度なトピックス.

なお，DPBoK では，以下のように用語を定義している.

デジタル企業 (digital enterprise)

以下の種類に分類される企業
1 型：デジタル製品やサービスを完全にデジタルで生成する．デジタル媒体，オンラインバンキングなど.
2 型：物理製品やサービスに組み込まれ顧客がデジタル手段で獲得する．カーシェアリングなど.

デジタル技術 (digital technology)

ビジネスバリューを生成または可能とするために，デジタル的に消費できる製品やサービスの形をとる情報技術.

DX(Digital Transformation)

デジタル企業になるための根本的な変革.

デジタル化(digitalization)

企業の主要なバリューチェーンの中で付加的なビジネス価値を生成するためにデジタル技術を用いること.

デジタル化(digitization)

アナログ情報をデジタル情報に変換すること.

プロセス(process)

順序付けられ可算的な活動の集合. イベント駆動, 計測可能で改善できる価値を付加する系列である.

Harnish[16]は,企業がスタートアップからエンタープライズまでどのように成長するかを段階的に説明する展開モデルを示している. 展開モデルにおいては,企業クラスターをFounder（個人）, Team（チーム）, Team of Teams（チームのチーム）, Enterprise（エンタープライズ）という4段階で整理し（表5-6）,ある段階から次の段階に移行する際にはスケール危機(scaling crisis)が発生するとしている.

表5-6　企業クラスターの整理

段階	従業員数（人）	売上額（$）	割合
個人 / 創設者	1 ～ 3	1 億以下	96%
チーム	8 ～ 12	1 ～ 10 億	4%
チームのチーム	40 ～ 70	10 ～ 50 億	0.40%
エンタープライズ	350 ～ 500	50 億以上	17000 社

DPBoKでは,この4段階の企業クラスター構造を用いてDXの学習段階をまとめている（表5-7）. この表からDXが成功するためには,技術だけではなく段階的なマネジメントと組織的なアーキテクチャが重要であることが分かる.

表5-7　DPBoKにおけるDXの学習段階

学習段階	知識
個人 / 創設者	①デジタル価値 ②基盤 ③アプリケーション
チーム	④製品管理 ⑤作業管理 ⑥運用
チームのチーム	⑦協働とプロセス ⑧投資とプロジェクト ⑨組織と文化
エンタープライズ	⑩ガバナンス, リスク, セキュリティ, 　コンプライアンス ⑪情報管理 ⑫アーキテクチャ

　なお，DPBoKの第20章ではアーキテクチャ知識を説明している．表5-8にDPBoKのアーキテクチャ知識の構成をまとめた．

表5-8　アーキテクチャ知識の構成

項目	概要
アーキテクチャとは	① EA の定義 ②組織 ③ EA の価値
アーキテクチャの 実践	①ガバナンス ②マネジメント計画 ③モデル化と可視化 ④知識管理 ⑤合理化の目標
アーキテクチャ ドメイン	①展望 ②階層 ③種類
アジャイルと アーキテクチャ	①アーキテクチャのアジャイル批評 ②アジャイルのアーキテクチャ批評 ③調和 ④アーキテクチャ成果物
アーキテクチャ, デジタル戦略, ポートフォリオ	①アプリケーション価値分析 ②合理化

5.5　デジタルプラットフォーム

（1）デジタルプラットフォームの定義の比較

　5.1節（2）デジタル化の候補で説明した通り，顧客体験，社員体験，業務プロセス，ビジネスモデル，パートナー体験を同時に変革していくために，デジタルプラットフォームが必要である．では，どのようなデジタルプラットフォームを構築すればいいのだろうか？　以下では，デジタルプラットフォーム（図5-7）の定義を比較することで，この問いへのアプローチを明らかにする．

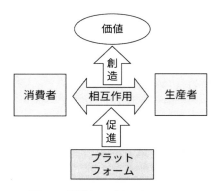

図5-7　デジタルプラットフォーム

Rogers[17]は，デジタルプラットフォームを以下のように定義している．

【定義】デジタルプラットフォーム (Rogers, 2016)

　複数の異なる種類の顧客間の直接的な相互作用を促進することによって価値を創造するビジネスがプラットフォームである．

デジタルプラットフォームには両面プラットフォームと多面プラットフォームがある．

【定義】両面プラットフォーム(TSP, Two-Sided Platform)

　製品やサービスの提供者が顧客からなる二者間の相互作用を提供するプラットフォームが両面プラットフォームである．例えば，クレジットカードの利用者に対してカード会社が利用ポイントなどの優遇サービスを提供するなどである．

【定義】多面プラットフォーム(MSP, Multi-Sided Platform)

複数の異なる独立した顧客グループからなる多者間の相互作用を提供するプラットフォームである．例えば Amazon や Google，Facebook などである．

Van Alstyne ら[18,19]は，プラットフォームは例外なくエコシステムを構成しているとして，エコシステムを構成する4種類の参加者を定義している．

【定義】プラットフォームエコシステムの基本構造(Van Alstyne, Parker, Choudary, 2016)

プラットフォームの基本構造は，消費者，生産者，所有者，提供者という4種類の関係者からなるエコシステムである．

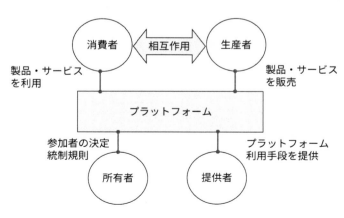

図5-8　プラットフォームエコシステム

消費者は製品・サービスを利用し，生産者は製品・サービスを提供する．所有者はプラットフォームへの参加者を決定し，統制規則を管理する．提供者はプラットフォームの利用手段を利用者に提供する（図5-8）．

また，Van Alstyneらは，調達から製造，販売に至る従来の業務プロセスに基づくパイプライン型事業から，生産者と消費者の相互作用を促進するプラットフォーム型事業への移行が必要であると述べ，両者を比較している（表5-9）．

表5-9　パイプライン型事業とプラットフォーム型事業

	パイプライン型事業	プラットフォーム型事業
経営資源	獲得・管理	関係者間の連携・コミュニティ
価値創造	資源調達・製造・製品販売ライフサイクルプロセス全体を最適化	生産者と消費者の相互作用を促進するエコシステムを統治
対象価値	サプライチェーンの効率化による顧客価値を向上	反復プロセスによるエコシステムの価値を向上
アクセス	競合に対する参入障壁の構築	生産と消費の壁の除去による価値創造の最大化 プラットフォームの開放性と悪意のあるアクセスの抑制
業績指標	業務効率 ボトルネックの解消	マッチング機会・品質の向上 参加者の関与性 悪意の参加者による負の効果の抑制

一方，Rossら[20]はデジタルプラットフォームを以下のように定義している．

【定義】デジタルプラットフォーム (Ross, Bess, Mocker, 2019)

　デジタル提供物（digital offerings，デジタル製品やデジタルサービス）を迅速に構成するために使用されるビジネス，データ，基盤コンポーネントのリポジトリがデジタルプラットフォームである．

Rossら[20]によるデジタルプラットフォームの構成要素は，以下に示すデジタル提供物，ビジネスコンポーネント，データコンポーネント，基盤コンポーネント，クラウドサービスである．

デジタル提供物

提供物固有のコードを含むソフトウェアで，必要なコンポーネントをAPIでリポジトリから参照する．

ビジネスコンポーネント

デジタル提供物が必要とする機能を提供するリポジトリである．

データコンポーネント

運用バックボーンの運用データ，センサーデータ，Webサービスのデータなどのデジタルデータを格納，操作，分析，表示するコードとそのAPIを持つコンポーネントのリポジトリである．

基盤コンポーネント

クラウド基盤サービスを企業固有のニーズに適応するテクノロジーサービスを提供するコンポーネントである．

基盤コンポーネント

利用者認証，アクセス制御，デバイス接続，データセキュリティなどがあり，ビジネスコンポーネントに対してクラウドコンポーネントを仮想化する．

クラウドサービス

デジタルプラットフォームの基礎となる標準クラウドサービスでは，アプリケーションのホストや性能管理を提供する．

（2）デジタルプラットフォームアーキテクチャ

Blaschkeら[21]は，デジタルプラットフォームアーキテクチャに共通する要素として，基盤，コア，エコシステム，サービスがあることを明らかにしている（図5-9）．

基盤層では，分散アクタによるデータ収集，蓄積，作成，交換を提供する．コア層では，第三者が補完機能を作成するための拡張可能なコードベースとしてビルディングブロックを提供する．エコシステム層では，プラット

図5-9 デジタルプラットフォームアーキテクチャ [20]

フォームを利用するアクタ間の相互作用からなるネットワークを提供する.
サービス層では,デジタルプラットフォームの行為やプロセスを介してア
クタ間で交換される知識や能力を提供する.

第6章

DXの取り組み事例

　本章では，以下の分野におけるDX事例を取り上げ，説明する．
　（1）プラント系産業のDX
　（2）小売業のDX
　（3）製造業のDX
　（4）サービス業のDX

6.1　本章の概要

　本章では，以下の分野のDX事例を解説する．デジタルビジネスは絶え間なく変化するので，対応するためにはDXを永続的に継続していく必要がある．デジタル企業が地位を維持するためには，走り続けなければならない．

（1）プラント系産業のDX

（2）小売業のDX

（3）製造業のDX

（4）サービス業のDX

各DX事例の説明では，以下について説明する．

　組織：DXを主体的に遂行する組織

　問題状況：DXを必要とした組織が置かれた問題状況

　提供価値：DXがもたらすことが期待される価値

　業務プロセス：DXによって変革される組織の業務プロセス

　デジタル技術：DXで活用するデジタル技術

　留意点：DXを実施する上で注意すべき点

6.2　プラント系産業のDX

（1）EPC産業のDX

　以下ではBhaideら[1]による，EAに基づいて実施したインドにおけるEPC(Engineering, Procurement, and Construction)企業のDX事例を紹介する．

組織：インドのEPC企業

組織が置かれた問題状況

　従来のビジネスプロセスは効率が悪く，プロジェクトの実行スケジュール

に影響を及ぼし，成長を妨げていた．また，既存システムではこれまでに大規模なカスタマイズが実施されているだけでなく，部門ごとにサイロ化した基幹システム間の統合が欠如しているため，複雑さが増大していた．その結果，オフィスや遠隔地のプロジェクトサイトで従業員がテクノロジーを採用するまでの期間が長くなり，テクノロジーの見通しが複雑化していた．

このような状況下で，デジタル技術を活用した取り組みは既存システムのコアとサポート機能の効率を改善するための鍵と見なされていた．

DXがもたらすと期待される価値

EPC事業のプロセスには，発注の前段階と後段階の2段階がある．発注前段階にもたらされる価値は，デジタルデータを収集・分析して競争力のある入札の提出を確実にできることである．一方，発注後段階にもたらされる価値は，モバイルアプリケーションでEPC専門家の仕事を拡大するとともに，プロジェクトドキュメントのデジタル化により，最新のプロジェクト情報を共有して，プロジェクトの遂行を効率化できることである．

変革される業務プロセス

①発注前段階のデジタル化

企業が機会を探索してプロジェクトの入札に応募する段階では，入札の競争力を高めるために，入札価格の適切性が重要になる．そのために，経費やリスクなどの履歴データに基づいて見積もり，事前資格審査 (pre-qualification) リポジトリと知識ベース，ベンダ支払いを顧客請求に結びつける正しい財務構造をデジタル化する．

②発注後段階のデジタル化

企業が開発，調達，および構築を実行することによってプロジェクトを管理する段階では，デジタル化により以下を実現し，全体的なプロジェクトガバナンスを達成する．

・多様なステークホルダ向けのプロジェクトダッシュボード
・進捗報告，品質検査，EHSなど現場活動のモビリティ向上
・収益性を測定するための，what-ifシナリオに基づく動的モデリング
・エコシステム内での情報の共有による，プロジェクトガバナンスの

支援

活用するデジタル技術

　同社にはデジタル技術を活用するための基本的な能力が欠けており，望ましい結果を得ることができないと思われた．このため，DXのための基本的なフレームワークとしてEAを採用し，表6-1に示す2相EA分析(two stream EA)を採用することによりデジタル化の対象を特定した．

表6-1　2相EA分析

EA	基盤 EA	先端 EA
アーキテクチャビジョン	事業能力分析	デジタルビジョン
ビジネスアーキテクチャ	事業能力ギャップ分析	デジタルビジネスエコシステム要求
テクノロジアーキテクチャ	現行テクノロジー分析	業界テクノロジー変革ドライバ

　先端EA(vanguard EA)は，デジタル技術を活用して効率を高め，技術の採用を迅速に拡大するためのEAである．先端EAでは，組織に適用される可能性のある機会を特定するために，業界のさまざまなトレンドを徹底的に慎重に検討することから着手した．

　そこで，顧客，コア企業，およびサプライヤ，政府機関，下請け業者など拡張企業を含む組織のエコシステム全体を分析し，モビリティ，分析，クラウド，およびAIの分野において，以下のようなデジタル化機会を特定した．

①モビリティ戦略と自分のデバイスの持ち込み(BYOD)

②マイニングナレッジリポジトリ用のAIベースの検索エンジン

③知識共有と従業員エンゲージメントのための，エンタープライズコラボレーションプラットフォーム

④プロジェクトレベルおよび企業レベルのレポート作成とダッシュボード

　また，ガバナンスの側面を監督するTechnology Watchと呼ばれるプロジェクトと，デジタル技術の動向と機会を継続的に追跡および評価するためのEAプラクティスが確立された．

　基盤EA(foundational EA)は，財務，プロジェクト管理，サプライチェー

ンなどの基本的分野における能力のギャップに対処するためのEAである．価値連鎖や事業能力分析などの従来のEAアプローチを使用し，DXに伴って生じる可能性のある課題を特定するために，現状の課題の理解も担当した．この分析に基づいて，組織が品質管理やEHSなどの独自の差別化要因を持つ分野で成長する場合には，商用コンポーネントを再利用するのではなく新規開発を行うことにした．

先端EAと基盤EAの調査結果を統合し，優先順位付けされたDXロードマップを作成した．2相EA分析によってアイデアの相互発見が起こり，より多くのデジタルプロジェクトを生むことができたといえる．

たとえばモバイルアプリやWebアプリに機能を組み込むには，基盤となっていたESB(Enterprise Service Bus)を介したバックエンドシステムとの統合が必要になった．また，基盤EAチームによるテクノロジーアーキテクチャの分析により，一部のオンプレミスアプリケーションをクラウドに移行できることが明らかになった．さらに，安全な技術の採用への道を開くロードマップの一部として，BYODなどのポリシーと手順を設定するためのプロジェクトも提案された．

このような並行的・協働的なDXアプローチは，DXの設計図の作成を迅速化し，現行システムからデジタルシステムへの移行に対処する変革ロードマップを作成する上で有効であった．

留意点

DXのためには，顧客やパートナーとの協業に向けたデジタルビジネスエコシステムのオペレーションプロセスを拡張する必要がある．そのためには，外部ステークホルダを含めた適切な情報アーキテクチャを構築しなくてはならない．

EPCプロジェクトは長期化するので，遂行中のプロジェクトにDXがどのように影響するかを考慮する必要があるが，実行効率の改善と正確な情報の可用性向上が期待できる．なおEPCプロジェクトを成功させるためには，次の4点に留意して経費と期間を遵守しなければならない．

①プロジェクトスケジュールと経費の効率的な監視を統制する．

②設計変更，損害賠償請求，紛争の早期発見のために，スコープおよび

　契約を管理する.

③資産の利用状況と機器のメンテナンススケジュールを追跡する.

④プロジェクトのEHSを監視する.

　また，セキュリティとプライバシーの問題に留意する必要があるので，デジタル技術の導入前に基本方針と手続きを定義しておく．デジタルビジネスエコシステムを構成するコンポーネントの適切なセキュリティ分析を実施し，ガイドラインを策定する必要がある.

（2）石油産業のDX

　以下では，エクソンモービルがオープングループで標準化を進めているOpen Process Automation System(OPAS)の取り組みを紹介する[2].

組織：エクソンモービル

組織が置かれた問題状況

　多様なベンダの商用製品を使用しており，異なるベンダ製品間の相互運用性を確保したいというニーズに合う最良のコンポーネントの選択が困難であった．また，グローバルに展開する石油プラント設備制御の適切なセキュリティ設計が困難であった.

DXがもたらすと期待される価値

　DXがもたらすと期待される価値を明確化するために，以下の項目からなる標準ベース，オープン，セキュア，相互運用可能なプロセス制御アーキテクチャを前提とするデジタルビジョンを策定し，DXがもたらす期待価値を明確化した.

・商用製品を活用

・最良のコンポーネント

・設計された適応可能なセキュリティ

・適合コンポーネントを統合してオープンシステムを作成

・エンドユーザニーズに適合

- ・サプライヤの知的財産を保護
- ・移植可能なエンドユーザソフトウェア
- ・設備の置換えを簡潔化
- ・サプライヤおよびシステムインテグレータのコンポーネントとサービス市場を拡大
- ・イノベーションと価値創造

変革される業務プロセス

　適合コンポーネントを統合して，オープンシステムを作成・運用できるマルチベンダプロセスを確立する．

活用するデジタル技術

　エクソンモービルはデジタルビジョンを実現するために，国際的なTOGAFの標準団体であるオープングループで，ベンダ企業とともにOPASデジタル参照アーキテクチャ（図6-1）の標準化に取り組んでいる．

図6-1　OPASデジタル参照アーキテクチャ[2]

　OPASデジタル参照アーキテクチャでは，プラント監視デバイスが実現するコアリアルタイム機能をNWゲートウェイで接続している．また，レガシーデバイスもNWゲートウェイで接続することができる．NWゲートウェイで仮想化されたデバイスのデータは，NWサービスによってリアルタイムOTサービス，トランザクションITサービス，クラウドサービスで

109

活用できる.

リアルタイムOTサービスでは異常イベント検知などプロセス制御を最
適化し,トランザクションITサービスではプラント全体のデータ分析に基
づいて計画・スケジューリングし,クラウドサービスではグローバルに予
防保守や遠隔制御などを行う.

図6-2に示すOPASビジネスエコシステムには,OPASデジタル参照アー
キテクチャに基づいて,エンドユーザ,システムインテグレータ,サブシ
ステムインテグレータ,サービスプロバイダ,ハードウェアサプライヤ,
ソフトウェアサプライヤが参加できる.ハードウェアサプライヤ,ソフト
ウェアサプライヤ,システムインテグレータ間のインタフェースをオープ
ン標準化することで,開かれたビジネスエコシステムが構成されている.

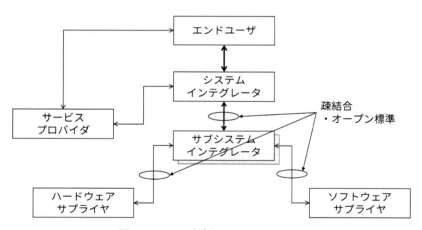

図6-2　OPASビジネスエコシステム[2]

OPASの基本要素を表6-2に示す.また,OPAS基本要素間の関
係を図6-3に示す.ビジネス機能では,DCN上のアプリケーショ
ンでEnterprise Resource Planning(ERP), Material Resource
Planning(MRP), Product Lifecycle Management(PLM), Supply
Chain Management(SCM)との接続性を提供する.

表6-2　OPASの基本要素

構成要素	説明
Connectivity Framework (OCF)	セキュアで相互運用可能なハード・ソフトコミュニケーションフレームワーク．Operations Technology (OT) データセンタとの接続性をOCF経由で提供
Distributed Control Node (DCN)	OCFに接続するデバイス ①物理 I/O デバイス ②物理 I/O のないデバイス ③Advanced Computing Platforms：スケーラブルな計算資源 (memory, disk, CPU cores) を必要とする機能を実装 ⑤ゲートウェイ：非 O-PAS 要素に OCF 相互運用性を提供 ⑥複数の DCF から構成される複合デバイス
Distributed Control Platform (DCP)	DCN のハードとシステムソフトウェアプラットフォーム DCF 環境とアプリケーション，物理基盤を提供
Distributed Control Framework (DCF)	アプリケーションの実行環境 DCN 間を移動できる
アプリケーション	①標準フォーマット（IEC 61131-3 or IEC 61499-1）で記述したアプリケーション ②DCF で実行されるプラットフォーム独立アプリケーション ③ネイティブ環境で実行されるプラットフォーム依存アプリケーション

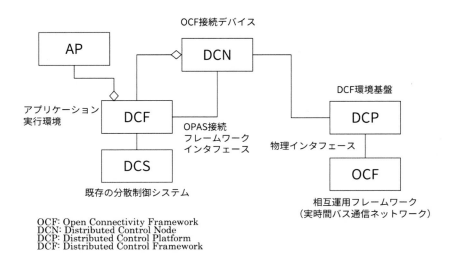

OCF: Open Connectivity Framework
DCN: Distributed Control Node
DCP: Distributed Control Platform
DCF: Distributed Control Framework

図6-3　OPAS基本モデルの関係

DXを実施する上での留意点

　オープン，セキュア，相互運用可能なプロセス制御アーキテクチャを標準化するために，オープングループのフォーラムを立ち上げる必要があった．また，大規模なDXであるため，技術検証，詳細技術検証，標準試験，技術実証を段階的に計画している．

　まず，技術検証段階では2016年から2018年にかけてPoCを実施した．次いで2018年から2019年の詳細技術検証段階で試作評価を実施し，2019年から標準試験に着手して現場試験のテストベッドの評価を計画している．2020年から2023年には，複数の現場試験により技術実証が行われる予定である．

6.3　小売業のDX

（1）ファッション分野のDX

組織：ドイツOttoグループBaur社[3]

組織が置かれた問題状況

　Baur社のデジタル化投資予算は潤沢ではない．一方，顧客が望むWebサイトを介した顧客体験を発見するためには，多様なデジタル技術を可能な限り試すようなWebサイトの開発を実験する必要がある．少ないデジタル化予算を有効に活用して顧客が望むようなWebサイトを開発する必要があった．

DXがもたらすと期待される価値

　低予算で，顧客体験の向上ならびに顧客が望む注文発送サービスを実現するための効果的なデジタル技術の抽出を実現すること．

変革される業務プロセス

　以下の手順で，Bauer社のオンラインショッピングサイトにおける顧客

の注文発送プロセスをデジタル化する.
1. 専門家顧客ワークショップでWebサイト分析を行い, デジタルで改善する点を抽出する.
2. インタビューの分析法を設計する（改善点, IPA分析, 狩野分析）.
3. 質問項目（IPA質問, 狩野質問）を設計し, 調査を実施する.
4. 調査結果を定量分析し, 客観的な改善案を決定する.

活用するデジタル技術

　複数のデジタル技術から顧客体験を生む効果的なWebサイトを実現するものを選択する方法を開発し, 活用した. 企業の状況に応じてデジタル技術を選択するための方法もまた, DXには必要になることを示している.

留意点

　Baur社では, 適切なデジタル技術を選択するために以下の①～④からなる方法に基づく事前準備が必要になった. これがBaur社のDXを進める上での留意点である.
①現状のビジネスを改善するための候補一覧を, プロセス, 関心事, 改善案, デジタル技術の観点から作成する.
②候補一覧に対して仮説検証型のアンケート調査を設計する.
③IPA（重要性・業績分析）を用いてアンケート結果を客観的に分析する.
④狩野分析（満足・充足性分析）に基づき, 顧客が望むデジタル技術を活用したWebサイトを識別する.

（2）家具分野のDX

組織：IKEA[4]

組織が置かれた問題状況

　IKEAでは, 顧客に商品の販売機会を俊敏に提供するために, デジタル技術による顧客接点であるデジタルタッチポイントを構築する必要があった.
　また社員の働き方を改革するために, デジタル技術を活用して社内部門

を横断的に連携する必要があった

DXがもたらすと期待される価値

　顧客は多様なタッチポイントとチャネルを通じてIKEAと便利に接触でき，IKEAはオンラインで顧客の意図や関心事を獲得することで高品質の顧客体験を提供できるようになる．

変革される業務プロセス

　新規顧客が期待通りにIKEAにアクセスできるように，物理的な店舗とデジタル技術を融合することで顧客のニーズに適したタッチポイントを選択できるようにしている．

　たとえばデジタルサービスを融合した顧客体験を提供するIKEAプレースでは，AR(Augmented Reality)により，顧客が望む環境に家具を配置して体験しながら最適な家具を選択できる．また店舗を顧客注文処理ネットワークに統合することで，家具を効率的に顧客に配達できる．

　社内業務のデジタル化については，家具の受注処理を商品調達・保管・取出しからなる注文業務プロセスに統合してデジタル化することで，店舗で注文を受けると即日もしくは翌日までに顧客に配達できる．

活用するデジタル技術

　適用範囲を単純化することにより，デジタル技術をモジュール化している．また，3.3万個以上の3D家具モデルを用いて，予算に応じた家具の配置を顧客の家のどの部屋にもマッピングできる3D仮想レンダリングを実現するなど，顧客とのタッチポイントを全面的に再考している．

DXを実施する上での留意点

　従来の仕事を見直して，デジタル技術を活用した働き方に慣れるように社員の意識を変えることが重要である．

　また，デジタル化の効果について説明責任を遂行するために，実験した仮説の妥当性を毎週評価している．デジタルプロジェクトの実験によって否定的な結果が得られた仮説については，新たな仮説を導出するための議論

が必要である．なお，IKEAではデジタルプロジェクトへの投資配分を，肯定的に実証された仮説に70％，新たに検証すべき仮説に30％としている．

このように，実験的な仮説検証を必要とするDXでは成功が約束されるわけではないので，失敗から新たな仮説を探索する取り組みの構築と，その取り組みに対する説明責任を遂行するためのプロセスを明確にすることが重要になる．

6.4　製造業のDX

（1）エアコン分野のDX

組織：ドイツ KAESER社[5]

組織が置かれた問題状況

エアコン製造企業であるKAESER社では，競争が激しいエアコン業界で競争優位性を確保するだけでなく，顧客要求に応えるビジネスモデル変革が必要になった．

DXがもたらすと期待される価値

KAESER社がエアコンをサービス化することで，顧客は特注製品を購入する必要がなくなる．顧客企業が経費削減，柔軟性の増加，オペレーションリスクの転換，透明性の増加，オペレーション計画の改善を求めるようになったため，KAESER社はサービス経費の削減，顧客との長期的関係の構築，サービスオペレーションの効率化，製品開発とイノベーションのシナジーなどを提供することとした．

変革される業務プロセス

KAESER社が所有するシステムを顧客に提供し，顧客のためにエアコン設備を構築して運用する．顧客は圧縮空気の月額使用料を支払う．

活用するデジタル技術

　サービスベースオペレータモデルSIGMA AIR UTILITYを導入した．Industry4.0技術を用いて，ビッグデータ分析と予防保守に基づくオペレーションを効率化している．

DXを実施する上での留意点

①顧客経費の透明性
②販売部門の役割の変化
③顧客パートナー関係の重要性
④媒介手順としての混合モデルの提供，プライバシーとセキュリティ問題，
　異分野連携チームの必要性などのリスクの増加

（2）洗剤・食品分野のDX

組織：ユニリーバ[6,7]

組織が置かれた問題状況

　ヴァリーニョスにある工場では，石けんとアイスクリームを製造している．例えば石けんを押し出して裁断機に送る段階での温度など，工程管理上のさまざまの条件を指定する必要があった．このため，設計が複雑化して製造経費が高くなるという問題があった．

DXがもたらすと期待される価値

　生産性を1％向上した結果，年間550億ドルの改善効果と約280万ドルの光熱費が削減できた．
　また，大規模なデジタルプラットフォームと機能に投資し，テクノロジーとツールを使用してコンテンツと接続を最適化することによって，データ主導のアプローチを通じて消費者とより直接的・効果的に関わっている．

変革される業務プロセス

　デジタル技術により，工場の製造プロセスで発生する問題処理プロセス

の中で，問題発生の識別プロセス，問題原因の究明プロセス，問題の影響範囲限定プロセスを自動化した．これにより，製造プロセスがアルゴリズムで設定された適切なパラメータに達していることをオペレータが確認できるので，より高い信頼度で次の生産工程に進むことができる．また，問題処理プロセス効率が変革された結果，工場の生産性が向上した．

活用するデジタル技術

2018年に生産設備から収集するデータに基づいて現場の稼働状況を把握するデジタルツインが構築され，ブラジル サンパウロ工場に6週間で導入された．2019年には70工場がデジタルツイン化され，2020年までに100工場を達成する見込みである．

このようにユニリーバでは，サプライチェーンで発生する可能な限り多くのデータに対して明確なデジタル表現を取り込んでデジタルツインを構築し，設計と管理の判断に高度なデータ分析を活用している．

DXを実施する上での留意点

最新のテクノロジーを搭載していない古いマシンからデータをストリーミングする方法を開発する必要があった．

6.5 サービス業のDX

（1）行政のDX

デジタルインド計画[8]では，インドの国民番号Aadhaar[9]に基づいてインド政府のDXを推進している．以下では財政部門の事例を説明する．

組織：インド政府

組織が置かれた問題状況

商品の移動ごとに多段階で課税される商品サービス税は，各州の方針に

基づいて課税されるため，それぞれ異なる請求書が自由取引の障害になっていた．また，中小企業などの受益者に補助金が届くまでに，多数の政府機関を通さなくてはならないという問題もあった．

DXがもたらすと期待される価値

商品移動の明細を含む電子文書e-Way Billにより，納税者，運送者，税務当局が統一システムにアクセスできるようになり，商品サービス税の徴収，期限切れ申告，納税遵守が改善される．また，商品の移動時間効率も改善される．補助金については政府が受益者の銀行口座に直接電子送金すれば，送金漏れや重複送金を解消できる．

変革される業務プロセス

政府予算を監視する財政管理システム(PFMS, Public Finance Management System)に直接利益転送DBT(Direct Benefit Transfer)を統合している．財政管理システムと納税管理システムがDBTでデータ連携されているため，e-Way Billで自己申告した納税データを自動的に追跡して納税証明を漏れなく確認できる．納税者，商品配送業者，税務当局にまたがる業務プロセスを自動化している．

活用するデジタル技術

日本のマイナンバーに相当するインドの個人識別番号がAadhaarである．Aadhaarでは，住民の基本情報だけでなく生体情報と銀行口座も紐づけて登録する．貧困問題が深刻なインドで，社会保障給付金・補助金を適切かつ効率的に国民に給付することが目的であった．

Aadhaarに基づいて開発されたアプリケーションのAPIの集合を行政機関や民間企業に提供するのが，India Stack[10]である．India Stackは，Aadhaarが提供する認証基盤の上に同意層，キャッシュレス層，ペーパレス層，非対面層からなる4階層のAPI構造を持つ（図6-4）．同意層のAPIによりプライバシーを確保したデータ共有ができ，キャッシュレス層のAPIにより金融取引コストを低減できる．また，ペーパレス層のAPIにより紙書類を削減して生産性を向上でき，非対面層のAPIによりいつでもどこで

も不在でも本人確認ができる.

図6-4　India Stackの階層構造

留意点

　DBTでは,インド国民を一意に識別する12桁の番号であるAadhaarを使用する.最高裁判所の判決に基づき,個人の許可のもとで民間企業が本人確認のためにAadhaarを活用できることになった

(2) ヘルスケアサービスのDX

組織:デンマーク Aarhusのスーパー病院[11]

組織が置かれた問題状況

　Aarhusデンマーク病院(以下ADHと略)は,1万平方メートルの面積を有し,1万人の職員が働く巨大な病院である.このため,必要な資源を職員が迅速に利用できないことや院内設備の利用率を向上できないという問題があり,病院内の物流オペレーションの効率化が求められていた.

DXがもたらすと期待される価値

　資源追跡サービスを導入することにより,病院職員が必要とするベッドや食事,検査機器などの資源を必要とする場所で即時に利用できるようになり,病院内の物流オペレーションを最適化できる.これにより,対象資

源を必要とする職員に迅速に提供できるようになる．

変革される業務プロセス

　資源追跡サービスを導入することにより，病院内資源の受付登録，資源位置追跡，職員への資源利用指示，職員による資源利用，資源返却などの資源の物流プロセスを効率化した．

活用するデジタル技術

　院内設備や資源に電子タグを添付し，資源追跡システムとタスク管理サービスを開発することにより，病院職員による物流オペレーションを効率化するための院内資源追跡サービスを実現した．

留意点

　DXは組織変革を伴うため，短期間で一気に完成することはできない．このため，長期間にわたって段階的に組織のデジタル成熟度を向上していく必要がある．

　ADHでは，デジタル成熟度を測定するMaturity Index for Hospital 4.0（製造業のデジタル戦略であるIndustry4.0の病院版Hospital4.0のための成熟度指標）により，組織面と技術面のデジタル成熟度を計測している．

（3）金融サービスのDX

組織：BBVA（Banco Bilbao Vizcaya Argentaria, ビルバオ・ビスカヤ・アルヘンタリア銀行）[12]

組織が置かれた問題状況

　新興企業や大手技術系企業とのデジタル金融サービス競争が激化する中で，企業内のデータを十分に活用するデータ主導型文化に重点化しなければ，顧客価値を迅速に提供できないという問題があった．

　また，既存システムを改修しなければ企業内のデータを活用したシステム開発を迅速化できないという問題もあった．さらに，デジタル銀行へ移

行する上でデジタル文化を社内に浸透させる必要があった.

DXがもたらすと期待される価値

　老朽システムをデジタルプラットフォームに移行することで，新規開発への投資割合を業界標準の2倍である40％に増加させることができ，既存金融機関に対する競争力だけでなく新興企業や大手技術系企業に対する競争力も向上できる.

　また，企業内のデータを活用するデータ主導型文化を構築することにより，顧客価値を迅速に提供できるシステムを開発できる.

変革される業務プロセス

　デジタルバンキングサービスでは，スマホを用いたスマートインタラクション金融サービスとして以下のサービスを提供するプロセスに変革した.

・顧客がスマホで簡単に利用できる金融サービス
・専門家による適切なアドバイスを求めている顧客に，スマホを通じたアドバイザによる相談サービス
・金融面から顧客の人生を総合的に支援するパーソナル金融マネジメントサービス
・スマホで新しい金融商品を顧客に紹介するサービス

活用するデジタル技術

　デジタル技術を活用してデータ活用を迅速化するために，老朽システムをオーバーホール（2006〜2013年）してデジタルプラットフォームを構築した.同業他社に先んじて先端技術を導入する観点から，マドリードに加えアラバマ州やテキサス州に研究所を設置した.また近年スタートアップ企業の買収が続き，2014年2月に米国オレゴン州に拠点を持つ決済サービス企業Simpleを買収，2016年3月にフィンランドのフィンテック企業Holviの買収に続き，12月にはメキシコのフィンテック企業のOpenpayを買収した.

　また，デジタル技術を活用するために，新しい上級管理職を任用してデジタルリーダーシップを刷新するとともに，2015年までに，DBAは約500

人を含むすべての事業分野で50を超えるアジャイルプロジェクトを推進した.

留意点

BBVAのDXでは，デジタル文化を醸成するために以下に示す組織的展開戦略の推進に留意する必要があった.

・より高いコラボレーションとイノベーションを提唱するリーダーシップ
・コーポレートオフィス（ワークスペース）に従業員を集めてコラボレーションを促進
・評判の高い機関との関係を活用し，強力なeラーニングプラットフォームを提供することによって学習文化を創造
・グループ全体でデジタル銀行への移行を促進するために，100％デジタル文化の独立した部門を設立

（4）保険サービスのDX

組織：AXA Germany (AXAG)[12,13]

組織が置かれた問題状況

グローバル企業であるAXAは各国でDXに取り組んでいる．AXAドイツではデータ駆動保険企業の実現に向けた潜在データを活用する取り組みで以下の課題に直面したため，新たな組織が必要になった.

デジタル技術に基づくデータ駆動型意思決定システムを導入するには既存の業務プロセスを変える必要があるため，保守的な事業部門の文化（行動様式）を変革する必要がある．また異種混合基盤からなる既存システムは旧式のデータ連携手法，低い性能，高い保守コストなどの問題があり，デジタル技術の導入が容易ではない.

さらに，保険会社であるAXAドイツはEUの新しい法的規制である厳格なデータ保護規制General Data Protection Regulation(GDPR)に準拠していることを保証する必要がある.

DXがもたらすと期待される価値

デジタルビジョン "Empower people to live a better life" に基づく DXにより，データ駆動型の顧客中心企業が実現できること．

変革される業務プロセス

Target Operating Model (TOM) により，部門ごとに個別化していた業務プロセスを変革している．具体的には保険データを活用するために以下の3部門を設置することで，部門を横断する連携プロセスを構築している．

①データ分析部門

データ分析専門家による創造的データ分析プロセス．

②データ管理部門（データマネジメントオフィス）

データ管理の効率化とコンプライアンスプロセス．

③データ開発部門

データレイク開発運用プロセス．データレイク（Data Lake，データの湖）では，構造化データだけでなく事業部門で発生した鮮度の高い非構造データも保存して目的に応じて活用できる．

活用するデジタル技術

デジタルデータを扱うデータレイク技術，データ分析技術，データ管理技術を導入するために，次の3ユニットから構成されるデータイノベーション組織を設置している．

①データエンジニアリングラボ

データレイクの実装を推進し，デジタルデータ基盤を構築．

②データアナリティクスラボ

創造的データ分析により複雑な事業課題の新しいソリューションを設計．

③データマネジメントオフィス

デジタルデータのコンプライアンス，安定性，進化を監視して，データ品質改善活動，データアーキテクチャ開発，データ保護の優先順位付けを実施．

データアナリティクスやデータレイクなどのデジタル技術を活用するた

めには，それらを有効に活用するための組織構築が必要である．

留意点

　データ分析とデータマネジメントオフィスの活動速度が異なるので，それを連携するために横断的なTOMプロセスを定義する必要があった．また，組織横断的なデータ文化を構築するためには全社員を巻き込んだボトムアップによる変革が必要であるため，AXAでは，次のような組織的展開戦略を推進している．

　①社内デジタルアカデミー

　　DX能力を養成，スキルアップするための共有リソースを提供．

　②「デジタルを話せますか？」

　　従業員向けの企業オンライン公開研修コースを開始．

　③リバースメンタリングプログラム

　　月に2回開催のセッションで，デジタルに精通するミレニム世代が，旧世代社員とスキルを共有．

　その他，実験的な要素を含めた投資判断や将来の規制要求に備えたデータマネジメント活動が必要である．また，データドリブンジャーニーにはトップのサポートが不可欠である．

（5）通信サービスのDX

組織：ドイツテレコム[14]

組織が置かれた問題状況

　顧客応対（1200万件），障害対応（500万件），設置（210万件），製品供給（500万件）の増加のため，運用プロセスの自動化水準が財務状況，品質，顧客体験に大きく影響するという問題があった．このため，ドイツテレコムはデジタル戦略を策定することとした．

DXがもたらすと期待される価値

　ドイツテレコムが立案したデジタル戦略の目標は，複雑さゼロ(zero

complexity），苦情ゼロ (zero compliant)，ワンタッチ (one touch)，サービス俊敏性 (agility in service)，破壊的思考 (disruptive thinking) である．

このデジタル戦略を実現するデジタル技術として選択された Robotic Process Automation(RPA) の期待効果は，顧客対応や障害対応などの現場業務プロセスの定式化による自動化である．

2016年に RPA を導入した結果，約23万件を自動化し，その1年後には100万件を自動化した．これにより，現場担当者が10分かかっていた作業を1分に短縮する効果を達成できた．

変革される業務プロセス

デジタル戦略を実装するために，RPA によって以下のように顧客接点のデジタル化，業務フローのデジタル化，予測サービス，およびサービス支援を提供し，対応する業務プロセスを変革している．

・顧客接点のデジタル化

　顧客チャネルの統合，セルフサービス．

・業務フローのデジタル化

　AIによるワークフロー制御，トランザクションの自動化や遠隔インストールなど．

・予測サービス

　予防保守や顧客の関心分析．

・サービス支援

　知的エージェント (Bot) による担当者への作業支援．たとえば，接続回線品質の測定を Bot に依頼すると，Bot が回線品質を測定し，顧客データと照合して検査文書を作成する．

活用するデジタル技術

以下の手順に従って RPA プロジェクトを統制することにより，RPA を活用している．

1.RPAによって自動化できる業務プロセスの候補を識別する．

2.実装容易性と業務改善効果の2面から RPA 適用候補を優先順位付ける．

3.RPA を運用で利用する業務担当者と RPA 開発者が協働してワークショッ

プを実施することにより，1000個の適用候補から50個を摘出し，試作する5個のRPAを決定する．

このように，デジタル技術で変革される業務プロセスを実際に運用する担当者が参画するとともに，実装容易性と改善効果を評価することで，現場導入の容易化を図っている

留意点

ドイツテレコムにおけるRPAによるDXでは，留意点として次の5項目を挙げている．

①業務プロセスへのRPAの導入に際して，RPAによる業務プロセスの変化をあらかじめ確定するのは難しい．アジャイル開発ではRPAによる業務プロセス自動化の結果を迅速に評価できるので，問題があれば改善要求を直ちに抽出して対応できる．RPAの現場導入には，このアジャイル開発の利点が必要であった．

②DXを実現するためには，RPA，モバイルアプリケーション，機械学習など多様なデジタル技術の組合せが必要になる．このために，DXプロジェクトでは，これらの専門家が関与した技術的側面の調査が必要である．

③DXでは，デジタル技術を導入する組織構成員の理解と協力が必要になる．したがって，導入部門に対するデジタル技術の透明性を早期に確保することにより，デジタル技術の開発部門とそれを導入する事業部門との相互関係が円滑になるような組織の運営管理が必要である．

④RPAは既存業務を自動化するコスト削減を実現するだけでなく，現行の事後的問題対応プロセスを変革して，データに基づく故障予測による予防保守を実現できる．これはサービス経費の軽減だけでなくサービスの信頼性向上という新たな価値にRPAが貢献できることを示している．

⑤RPAによる自動化が従業員に与える影響は少なくない．このため自動化の影響を受ける従業員を早期に特定して，担当業務の自動化への参画を要請することで自動化への抵抗を軽減するように，注意深い管理が必要である．

第7章

DXとEA

エンタープライズアーキテクチャ (EA, Enterprise Architecture) の目的は，企業が迅速にビジネス変革を達成することである．そしてすでに述べたように，DXの目的はデジタル企業を実現して迅速なビジネス競争力を実現することである．本章ではDXとEAの関係を明らかにするために，以下を解説する．

（1）EAとDX

（2）DXと適応型EA

（3）DXのためのEA

（4）DXのためのEAF調整法

7.1　EAとDX

　本節では，EA(Enterprise Architecture)とDXの関係について説明する．まずDXによって実現されるデジタル企業の特徴を紹介し，次いでEAとDXの関係を整理する．

（1）デジタル企業の特徴

　DXはデジタル企業を実現するための手段である．Hornfordら[1]は，企業の内部から外部へデジタル変革するインサイドアウト，企業の外部から内部へデジタル変革するアウトサイドイン，企業の外部の顧客とパートナー間の相互作用をデジタル変革するアウトサイドアウトの3つの観点から，デジタル企業の特徴を以下の通りまとめている．

インサイドアウト
・ビジネスプロセスとその実行を電子的に追跡可能である．
・意思決定点で適用されるビジネスルールを電子的に追跡可能である．また，必要があれば時間もしくは分単位で変更可能である．
・技術的あるいは機能的ソリューションは，ソリューションと相互作用する人間や機械に影響することなく置き換え可能である．

アウトサイドイン
・企業と顧客，パートナー，サプライヤがいつでもデジタルに相互作用できる．人間との相互作用は，経験を生成・向上することによって差別化要因となる．
・需要に応じてプロセスの同時並行実行数が拡張・縮退できる．
・エンドユーザ体験が，インターネットや電話デバイスの可用性に必ずしも依存しない．
・ビジネスに対して開放的である．顧客，パートナー，サプライヤが，主要サービスをいつでも利用できる．

アウトサイドアウト

・製品やサービス，相互作用媒体による顧客との相互作用から洞察して，製品とサービスを継続的に更新している．

・インフルエンサー，サプライヤ，企業が提供する価値の受容(perception)と顧客の相互作用に基づいて，製品やサービスの展開に参画する媒介者(medium) や仲介者(intermediary) の影響を更新している．

・顧客インデックスとアクティブな試行に基づいて企業が製品とサービスを先導する方法を持っている．すべての人口帯に対する製品とサービスの戦略によって，先導方法を補強している．

（2）DX 水準

企業は DX によって段階的にデジタル企業への道程を進んでいく．企業のDX 水準は，以下の5段階が定義されている．

①Traditional

デジタル化していない現在の状態．

②Experimenting

現状の事業運営からデジタル化に向けた実験の初期段階．

③Evolving

限定領域でのDX 実験が成功して，拡張に向けた検討を理解した段階．

④Mastery

すべての外部エンゲージメント要素にデジタル化で確実に対応できる状態．

⑤Digital Fluidity

事業運営上のデジタル化の障害を最小努力で対応できる状態．

この DX 水準は，①事業運営モデル，②ビジネスプロセス，③組織文化，④チームスキル，⑤技術，⑥ソリューション・イノベーション，⑦ユーザエンゲージメントという7次元で評価することができる．

（3）デジタル化の成功要因

MIT の CISR(Center for Information Systems Research) が，2016

年にデジタル化の成功要因の調査を実施している[2]．この調査では171名から回答があり，回答者の90％以上は従業員数1000名以上企業に所属していた．また，回答者の60％がITリーダーである．

　表7-1に，調査結果を①デジタルアウトプット，②ビジネス能力，③技術資源，④マネジメント実践力に分類してまとめた．

表7-1　デジタル化の成功要因

分類	項目	例
①デジタルアウトプット	顧客エンゲージメント	シームレスなチャネル，顧客要望変化への対応，顧客への深い理解，顧客への個別対応，顧客の層別化，関連コミュニティによる顧客への接近，競合他社との経験から区別
	デジタルソリューション	情報と洞察による強化，市場機会への対応，顧客ソリューションとの統合，パートナー製品・サービスのシームレスな結合，競合製品との差別化
②ビジネス能力	迅速性 (Agility)	既存製品・サービスの再利用
	イノベーション	新しいデジタルソリューションを既存製品・サービスから創造
③技術資源	デジタルサービスプラットフォーム	再利用ビジネスサービスリポジトリ，再利用技術サービスリポジトリ，パートナーサービス，外部パートナー用 API，内部パートナー用 API，センサーデータ分析リポジトリ，ソーシャルメディアデータ分析リポジトリ，クラウドプラットフォーム活用，オープンソースソフトウェアの活用，テストによる実験
	リンケージ	顧客マスターデータへのアクセス，製品マスターデータのアクセス，トランザクション処理システムとの連係
	運営バックボーン	反復的ビジネスプロセスを自動化，発生源の単一化，エンドツーエンドのトランザクション処理，トランザクションの見える化，オペレーションの高信頼化，安定化，セキュア化，モジュラーアーキテクチャ
④マネジメント実践力	調整と優先順位付け	横断的アーキテクチャレビュ，技術のエンタープライズ優先順位，基盤のエンタープライズロードマップ，投資管理プロセス，アーキテクチャ・プリンシプル
	アジャイル開発 DevOps	反復横断型開発，ユーザ中心設計公式プリンシプル，創造的思考専門家の採用，最小限の実行可能製品アプローチ，サービスのサーバへの自動割り当て
	サービス所有者説明責任	経費と品質の管理，収益管理，サービス評価，パートナー評価

（4）EAとDXの関係

　EAとDXの関係には，①EAがDXを推進する，②EAがDXに適応する，の2つの方向がある．この2つの関係を図7-1の矢印で示している．

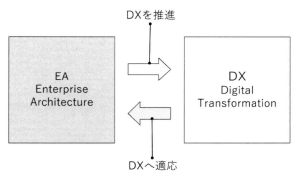

DXを推進

EA
Enterprise
Architecture

DX
Digital
Transformation

DXへ適応

図7-1　EA とDXの関係

　EAがDXを推進する場合は，DXを推進するためのマネジメントツールとしてEAを活用することができる．5.4節で解説したように，EAを標準化するオープングループ(TOG, The Open Group)では，DXを推進するためにDPBoK（Digital Practitioners Body of Knowledge，デジタル専門家のための知識体系）[3]を出版している．DPBoKの目的は，次の3点である．

①Agile EA

　ちょうどよいEA(just enough EA)．とくに，独立に開発されるアジャイル成果物の依存関係をEAで解決する．

②ITマネジメント

　IT4ITを用いてデジタル専門家のためのIT価値連鎖を実現する．

③Digital Platform

　DXの開発，展開，運用のすべての段階に必要な参照アーキテクチャをOP(Open Platform)3.0に基づいて提供する．

　また，Blumbergら[4]は，DXを支援するEAの実践手法として，①経営層の参画，②長期戦略，③事業成果への焦点化，④ビジネスIT連係への注

力，⑤教育とキャリアパスを挙げている．

　一方，EAがDXに適応する場合では，EAはデジタル企業のためのEAを方向づけるデジタルエンタープライズアーキテクチャ(DEA, Digital Enterprise Architecture)として進化することが考えられる．DEAの詳細は次節で述べる．

7.2　DXと適応型EA

　本節では，DXとDEAについて説明する．まず，DEAの基礎となるESARCについて説明する[5]．次いでESARCに基づくDEAの参照モデルであるDEARAC，適応型EAについて述べる．

（1）ESARC

　Zimmermannらは，IoTに向けたDEAとしてESARC(Enterprise Service Architecture Reference Cube)を提案している[5,6]．ESARCの構成を以下に示す．なお，ESARCのアーキテクチャ管理では，TOGAF(The Open Group Architecture Framework)[7]を用いる．

アーキテクチャ管理

　TOGAFなどのアーキテクチャ管理フレームワークの標準に基づいて定義する．

アーキテクチャガバナンス

　アーキテクチャ管理活動である計画，定義，実行，計測，制御を規定することによって統制する．また，アーキテクチャ標準への適合性を管理するアーキテクチャガバナンス委員会の手続きを確立する．

ビジネス・情報アーキテクチャ

　知識リポジトリ，ビジネスITアラインメントの基礎として，ビジネス・情報戦略，組織，ビジネス・情報システムの要求について，ビジネスプロセス，ビジネスルール，ビジネス製品，サービスなどのモデルを提供する．EAの情報システムアーキテクチャ，テクノロジーアーキテクチャ，セキュリティアーキテクチャと対応している．

情報システムアーキテクチャ

アプリケーションシステムのサービスタイプとその関係を定義する.

テクノロジーアーキテクチャ

ビジネス，データおよびアプリケーションサービスを支援するためのソフトウェアとハードウェアの論理的な構成を定義する．IT 基盤，ミドルウェア，ネットワーク，通信および関連標準が含まれる.

セキュリティアーキテクチャ

情報システムアーキテクチャとテクノロジーアーキテクチャのためのセキュリティ機構を提供する.

クラウドサービスアーキテクチャ

クラウドコンピューティングのためのアーキテクチャ標準を統合するシナリオに基づいて定義する.

オペレーションアーキテクチャ

クラウドサービスアーキテクチャ，テクノロジーアーキテクチャに対するオペレーションを定義する.

（2）DEARC

　ZimmermannらはESARCに基づいて，DEAの参照モデルとして
DEARC(Digital Enterprise Architecture Reference Cube) を提案して
いる[6,8]．DSARCとESARCを比較すると，図7-2のようになる．

　図7-2から分かるように，DEARCでは，ビジネス・情報アーキテクチャ，
テクノロジーアーキテクチャ，オペレーションアーキテクチャがESARC
から継承され，データ・アナリティクスアーキテクチャと知識アーキテク
チャが新たに追加されている．

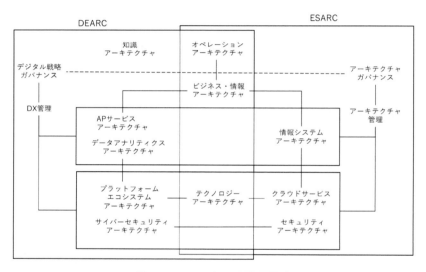

図7-2　DEARCとESARCの関係

（3）AEA

　DEAと外部要因との関係は図7-3のようになる．デジタル技術が進化
するにつれ市場が変化し，それに伴ってデジタルビジネスが変化する．し
たがってDEAも進化し，デジタル市場とデジタル技術の絶え間ない変化
に適応する必要がある．これが適応型EA(AEA, Adaptable Enterprise
Architecture) である．

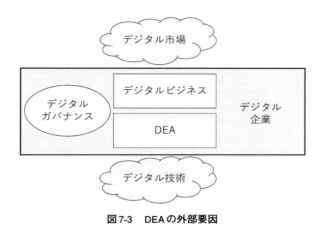

図7-3　DEAの外部要因

　上述したESARCは，AEAの例である．また，ESARCとDEARCはTOGAF[7]を基礎として用いているので，TOGAFもAEAであるといえる．

7.3　DXのためのEA

（1）EAの必要性

　ヴェデニフスキー[9]は，従業員が50人以上の企業でDXを実現するためには大規模な再編や新たな方向性が必要なので，EAによって企業全体でデジタル戦略についての幅広い見通しを獲得できるとしている．また，従業員が1000人以上の企業では市場変化に即した長期的な事業改革を持続的する必要があるので，EAによる文書化と実行が必要不可欠であるとも述べている．

　EAでは，企業のケイパビリティを図示するケイパビリティマップによってビジネス機能を定義する．たとえば，自動車ビジネスに対するケイパビリティマップをArchiMate[10]で記述した例を図7-4に示す．

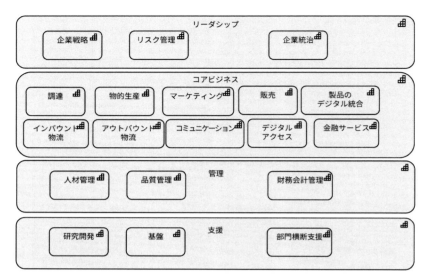

図7-4　ケイパビリティマップの例[9]

（2）『デジタル化ケース』

　UrbachとRöglingerによる『デジタル化ケース(Digitalization Cases)』[11]では，EAの階層を用いてDXの事例を説明している．彼らはEAをビジネスモデル，ビジネスプロセス，人とアプリケーション，データと情報，技術基盤の5階層で構成している．この5階層アーキテクチャを，本書ではURA(Urbach Röglinger Architecture)と呼ぶことにする．一般的なEA階層とURAを比較し，図7-5に示す．

　UrbachとRöglingerはURAに基づいて，デジタルビジネス，デジタル破壊，DXを表7-2に示す通りに定義している．

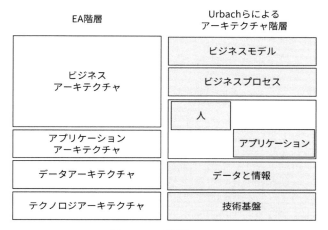

図7-5 EA 階層と URA[11]

表7-2 URA に基づいたデジタルビジネス，デジタル破壊，DX の定義

分類	説明	階層
デジタルビジネス	デジタル技術によって新たなビジネスモデルを創出	ビジネスモデル
デジタル破壊	最新のデジタル技術を活用して競争優位性を確保するビジネスモデルを創出するための判断	技術基盤からビジネスモデル
DX	デジタルビジネス実現のため EA 全体を適応するように組織を管理	ビジネスモデルから全階層

（3）DXにおけるEAの効果

Blumberg ら[12]は，従来型企業とDX推進企業におけるEAチームを調査して比較している．彼らの調査結果に基づいて，ITの統合・標準化へのEAの貢献，ビジネスプロセスへのEAの貢献，ケイパビリティの活用，EAの価値認識，スタッフ教育について，従来型企業とDX先進企業を比較した結果を図7-6に示す．この図から，DX先進企業の方が従来企業よりもEAを活用していることが分かる．EAの目的はビジネスを変革すること，DXの目的は企業をデジタル企業に変革することであり，現状を変革してあるべき企業を実現するという点で親和性が高いためである．このように，海外では，EAが盛んに活用されている．

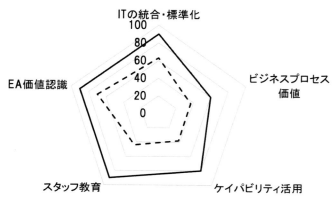

図7-6　従来型企業とDX推進企業におけるEA活用の比較[12]

　一方，日本におけるEAの目的は組織全体を階層構造化して効率化することであり，ITシステム全体を一気に最適化していくためにウォータフォール型で開発するEAは，DXには向かないと考えられている．

　しかし，上述したように世界のEA理解は真逆である．EAの目的はITシステムを全体最適化することではなくビジネスを変革することである．EAはビジネス価値を生むITシステムから段階的に実現していくので，アジャイル開発と親和性が高い．したがって，ビジネス変革を実現することによりDXを推進することができる．たとえばTOGAFでは，DXへの効果として以下を列挙している．

　①変革・オペレーションコストの低減

　②デジタルケイパビリティによる拡張

　③環境へのエンタープライズ要素の導入

　④相互運用性の向上

　⑤システム管理の容易化

　⑥ビジネス・基盤変革ニーズに対応する変革領域の分析

　⑦ステークホルダ要求の識別

　⑧対応するビューの開発による関心事の対立解消

逆に見れば，EAを用いることによりDXを推進している企業がDX先進企

業であるといえる.

また,Blumbergらの調査では,DXを推進する上でEAが役立つ局面として以下の5つを挙げている.

重要判断における経営層の参画

役員がビジネスモデルに対するデジタル技術の重要性を理解している場合はDXが成功する可能性が高いとしている.EAによって,ビジネスモデルとデジタル技術の関係を明確化できる.

戦略計画の強調

DX先進企業のEAチームはBA(Business Architecture)の将来像を明確に定義しており,将来計画を継続的に維持している.

事業成果への焦点化

デジタル技術によってビジネスモデルを変革する必要があるので,DX先進企業のEAチームはITがビジネスに高く貢献することを認識している.

ビジネス・IT整合性の向上

デジタル技術はビジネス活動に緊密に対応する必要がある.DX先進企業のEAチームではビジネスケイパビリティに基づいてIT機能を実現し,将来アーキテクチャを開発している.したがってビジネスケイパビリティが変化しても,独立性の高いコンポーネントによって迅速にITアーキテクチャを進化させることができる.

人材能力の開発・維持

EAチームがDXの重要な役割を担うので,DX先進企業のほうがEAチームに高度なスキル人材を配属している.優秀なスキル人材が先進的なDXに取り組むことでさらに経験を積むことができるという好循環が生まれ,キャリアパスを形成することになる.

(4) DXへのEAの適用機会

Blumbergらは,DXへのEAの適用機会として表7-3に示す4つを挙げている.しかし具体的なEA手法は提示されていないので,これらの方法を具体化する必要がある.

表7-3　DX への EA の適用機会

EA 適用機会	説明
役員が理解できるアーキテクチャ課題を説明する場面	上級役員が DX の議論に参画できるように，EA によりビジネスと IT の整合性を事業系役員に説明できる．
ケイパビリティマップによりデジタル化とビジネスの優先順位を連結する場面	DX 先進企業の 80%がケイパビリティマップを活用してビジネスプロセスを変革している．ケイパビリティマップを活用してデジタル化候補の優先順位を定義できる．
ターゲットアーキテクチャと戦略を策定する場面	DX 先進企業は将来計画の策定に時間を割いている．EA では現行アーキテクチャと将来のターゲットアーキテクチャを定義し，両者のギャップ分析に基づいて，長期計画と日々のビジネス要求を両立する戦略を策定できる．
成功するための研修を提供する場面	デジタル技術の活用が成功するための研修として，ビジネス部門に EA スキルとしてコミュニケーション，コーチング，問題解決などの知識を提供できる．

表7-4　DX 課題への TOGAF 適用法の概要

DX 課題	対処策	活用する EA 手法*
役員が理解できるアーキテクチャ課題の説明	ビジネスと IT の整合性を説明するために，ビジネスゴール，デジタルビジネスモデル，デジタルビジネスプロセスと DX 要求を対応付ける手法として DX 戦略マップを定義	ビジネスゴール ビュウポイント ビジネスプロセス モチベーションモデル アセスメント
デジタル化とビジネスの優先順位の定義	デジタルケイパビリティマップに基づいてビジネス価値を創出するデジタル化対象ビジネスを定義し優先順位を判断	ケイパビリティマップ ビジネスプロセス CBP (Capability Based Planning)，CI (Capability Increment)
DX 戦略の策定	将来アーキテクチャと現行アーキテクチャのギャップ分析により DX ビジョンと DX ロードマップを定義	アーキテクチャビジョン 参照アーキテクチャ ギャップ分析 変革ロードマップ
業務部門と IT 部門の連携の構築	ビジネスとデジタル技術を整合させるデジタルビジネスエコシステムを定義し，DX 原則と DX 委員会によって業務とデジタル技術を統制する DX ガバナンスを遂行	EA 階層 モチベーションモデル EA 原則，EA 委員会 EA ガバナンス

※ TOGAF が提供する手法．

　そこで表7-3に基づいて，次に示す DX の4つの課題を検討する．

①役員が理解できるアーキテクチャ課題の説明をどうするか？

②デジタルビジネスの優先順位をどうするか？

③DX 戦略をどう策定するか？

④部門連携を実現する DX ガバナンスをどうするか？

TOGAF に従ってこれらに対処する方法を考えた結果を, 表7-4にまとめた.

（5）統合情報基盤アーキテクチャ

デジタル企業では, 社内のデータを必要な業務で迅速に活用する仕組み
を構築してビジネス変革に即応する必要がある. このためには, 企業内の
情報システムで発生するデータを他の情報システムで活用するための柔軟
な情報アーキテクチャを構築する必要がある.

TOGAF では EA の参照アーキテクチャとして, 情報への統合アクセス
boundaryless information flow を実現する統合情報基盤アーキテクチャ
(integrated information infrastructure) を提示している[7]. 統合情報基
盤アーキテクチャは, 情報提供アプリケーション層, ブローカ層, 情報利用
アプリケーション層から構成される（図7-7）. 情報提供アプリケーション
(IPA, Information Production AP) は業務アプリケーションで作成された
情報へのアクセスを実現し, 情報利用アプリケーション (ICA, Information
Consumption AP) は情報を利用してサービスを実行する. また, ブロー
カ (BA, Broker AP) はサービスに必要な情報へのアクセスを仲介する.

DX では相互運用性を確保してデジタルデータを活用する必要があるの
で, この統合情報基盤アーキテクチャを活用できる.

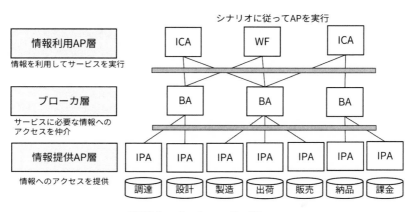

ICA: Information Consumption AP
IPA: Information Production AP

図7-7　統合情報基盤アーキテクチャ[7]

7.4　DXのためのEAF調整法

　EAを開発するための枠組みであるEAF(Enterprise Architecture Framework)では，企業状況に応じた調整が必要になる．たとえば代表的なEAFであるTOGAF[7]では，フレームワークの調整（テーラリング）について，ADM(Architecture Development Method)の初期フェーズで用語，プロセス，成果物を組織に応じて調整することができると述べている．しかし具体的なADMの調整法については説明していないため，TOGAFは重量級のEAFでは導入が困難であるという誤解があった．

　以下ではEAFの調整法を提案し，TOGAFに基づくDXフレームワークを構成できることを示す．

（1）EAFの調整

　BhaideとRao[13]は，TOGAFをEPC業界のDXのフレームワークに採用できることを示した．彼らはEAにおける企業をデジタルビジネスエコシステムに拡張する必要があると指摘し，また，DXにEAを採用するための課題も明らかにしている．具体的には基盤EA(foundational EA)と先端EA(vanguard EA)からなる2相方式(two-stream approach)を用いて，技術と市場の急速な変化がもたらす潜在的な機会を失わないようにしながら，現行プロジェクトと将来プロジェクトのギャップを解消する方法を提案している．

　また，Grunwaldら[14]は，DXに向けたEAFの調整法を提案している．各工程について①目的，②タスク，③入力，④出力，⑤TOGAF工程が定義され，作成する成果物の表現モデルにはArchiMate[10]を使用している．表7-5では，Grunwaldらの調整法の工程の目的と対応するTOGAF工程を示した．詳細なタスク，入出力は省略している．

表7-5 DX への TOGAF の調整法

工程	目的	TOGAF 工程
1	アーキテクチャ原則と将来ビジネスオペレーティングモデルを作成	初期，アーキテクチャビジョンビジネスアーキテクチャ
2	必要な変革プロジェクトを定義	機会とソリューション
3	現行ビジネス能力，現行ビジネス，情報システム，テクノロジーアーキテクチャを定義	ビジネス，情報システム，テクノロジーアーキテクチャ
4	将来ビジネス能力，将来ビジネス，情報システム，テクノロジーアーキテクチャを定義	ビジネス，情報システム，テクノロジーアーキテクチャ
5	変革ロードマップ，移行計画，変革ガバナンスを定義	機会とソリューション移行計画
6	将来アーキテクチャを変更管理，変革ガバナンスを実施	実装ガバナンス変更管理

また，Mamkaitis と Helfert[15]は，EAF の資源を調整する方法を提案している．

（2）EAF 調整法の考え方

以下では，図7-8に示す対象領域の記述に基づいて EAF を調整する方法[16]を説明する．

EAF を適用しようとする対象領域の記述には，主体，活動，成果物が含まれると仮定する．この仮定は，DX 推進指標のような組織や IT システムの変革についての記述で成立すると考えられる．なぜなら，組織などの主体，組織が遂行すべき IT システム変革という活動，活動が参照する DX 戦略やビジネスプロセスなどの成果物があることが明らかだからである．

また，EAF には EA の開発プロセス，EA 成果物としてのコンテンツ，ならびに EA 手法が含まれる．このため EAF の調整では，対象領域の主体，活動，成果物に適合するようにプロセス，コンテンツ，手法を調整するために以下を実施する．

・識別した主体に相当する EA 組織を特定する．
・識別した活動を遂行する EA プロセスを特定する．
・識別した成果物に相当する EA コンテンツを特定する．このとき，EA コンテンツは EA プロセスに対応しているので，EA 工程ごとのコンテンツとして分類できる．また，EA コンテンツによる成果物の表現法を

　特定する.
このように特定したEA要素を対象領域に適応するように再利用する. この際, 必要があれば対象領域に合わせて用語やその内容を修正する.

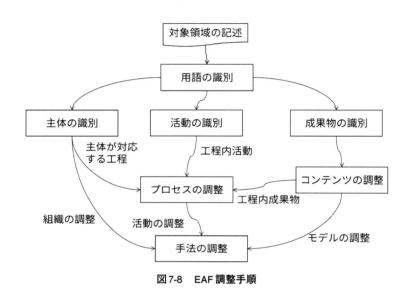

図7-8　EAF調整手順

（3）DX推進指標の用語分析

　DX推進指標では, 経営のあり方とITシステム構築に分けて推進指標を定義している. 表7-6にDX推進指標の記述に基づいて用語を抽出し, 主体, プロセス, 成果物に分類した. 表7-6から, DX推進指標の成果物がアーキテクチャビジョン, ビジネスアーキテクチャ, 情報システムアーキテクチャ, テクノロジーアーキテクチャ, 変革ロードマップに対応することが分かる. また, プロセスについては経営変革（ビジョン実現, 企業文化改革）, 事業変革（顧客価値創出）, IT変革（IT資産分析, ITシステム刷新）についてのDX推進用語がTOGAF工程に対応していることが分かる. さらに主体についても, DXガバナンス体制と価値創出判断などがTOGAFのG, Hに対応することが分かる.

表7-6　DX推進指標の分析

分類	TOGAF[※1]	推進指標用語	EA手法の候補[※2]
成果物	A	ビジョン，顧客価値創出ビジョン，ビジネス危機感，経営・事業・ITのゴール，DX推進ゴール，ビジネスモデル，データ活用，データ生成・利用連携，標準化・共通化	モチベーションモデル
	B	業務プロセス，ITのビジネス価値，顧客価値創出システム，サプライチェーンエコシステム，連携体制，外部連携	ビジネスアーキテクチャ，モチベーションモデル
	C, D	環境変化対応，変化対応システム，共通プラットフォーム，データセキュリティ基盤	ケイパビリティマップ，ケイパビリティインクリメント
	F	戦略ロードマップ，IT投資計画	統合情報基盤アーキテクチャ，セキュリティアーキテクチャ
プロセス	E, F, G	ビジョン実現，企業文化改革	ケイパビリティベース計画，ギャップ分析
	B	顧客価値創出，KPI	
	C, D	IT資産分析，ITシステム刷新	
主体	G	企業文化変革組織，DX実行管理体制，横断的判断体制，DX事業企画・完成責任	アーキテクチャ委員会
	H	経営判断　投資判断，IT創出価値判断	アーキテクチャガバナンス
	P, A, F	DX実行人材育成，技術・業務人材の融合，協創人材IT企画・要求定義人材	ケイパビリティフレームワーク

※1　P, A〜Hは，ADMの工程名．P) 初期，A) アーキテクチャビジョン，B) ビジネスアーキテクチャ，C) 情報システムアーキテクチャ，D) テクノロジーアーキテクチャ，E) 機会とソリューション，F) 移行計画，G) 実装ガバナンス，H) 変更管理.
※2　用語分類に対応するTOGAFの手法候補.”

　上述したDX推進指標用語の関係を図7-9に示す．また，上述した結果からTOGAFを用いてDX推進手法を構成した例を，図7-10に示す．DX実装管理の結果を経営変革，事業変革，IT変革にフィードバックすることにより，反復的かつ迅速にDXを遂行することができる．

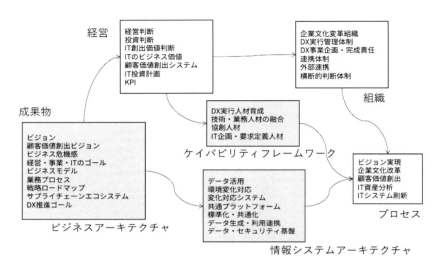

経営

成果物

組織

ケイパビリティフレームワーク

プロセス

ビジネスアーキテクチャ

情報システムアーキテクチャ

図7-9　DX推進指標用語の関係

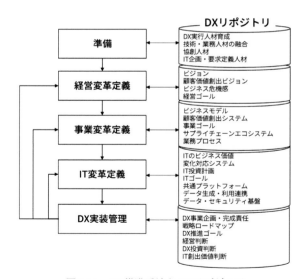

図7-10　DX推進手法とDXリポジトリ

　なお，DX推進手法の各工程とTOGAFのADM工程の関係は表7-7の通りである．

表7-7   DX 推進手法の各工程と TOGAF の ADM 工程の関係

DX 推進手法	TOGAF の ADM 工程
準備	P
経営変革定義	A
事業変革定義	B
IT 変革定義	C, D, E
DX 実装管理	F, G, H

（4）企業共通DX構造

　DX推進指標は，企業が具備すべきDX特性についての質問の集まりである．本節で示したように，DX推進指標を構成する用語関係から企業共通DX構造を導くことができ，これを具体化することで企業に固有のDX構造を作成できる．つまり，企業共通DX構造はDX参照アーキテクチャになっているといえる．

　DX推進指標と企業共通DX構造，企業固有DX構造の関係を図示すると，図7-11の通りである．

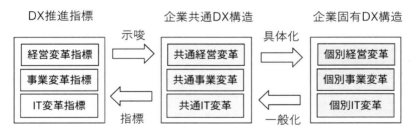

図7-11　企業共通DX構造

第8章

DX プロセス

DXを推進するためには適切な段取りが必要である．本章では具体的なDXプロセスとして，以下を解説する．

（1）DBSC

（2）ArchiMate による DX の可視化

（3）DX プロセスの事例

8.1　DBSC

DXでは，企業が利益を向上できるデジタル戦略を立案することが重要であり，これまでにBSC（Balanced Scorecard，バランススコアカード）を用いて企業のIT戦略を作成する手法が提案されている．本節では，BSCの4つの視点を企業利益，顧客体験，デジタルビジネスエコシステム，DX要求として図式化するとともに，DX評価指標を導出する手法としてDBSC（Digital Balanced ScoreCard，デジタルバランススコアカード）を説明する[1]．また，DX戦略マップのゴールに対して，定性指標として重要成功要因，定量指標としてKPIを対応付けることにより，両者の関係を明確化できることを示す．

（1）BSC

KaplanとNorton[2]によって提案されたBSCは，財務の観点から見た戦略的目標を最上位に配置し，戦略マップを使用してこれらの目標を階層的にサブ目標に分解する組織の業績評価指標である．戦略マップは組織目標を4視点から分解するゴール分解図で，最上位に財務目標，続いて顧客視点の目標，ビジネスプロセスの目標，学習と成長の目標を記述する．戦略マップの例を図8-1に示す．

Niven[3]は，BSCの戦略マップとパフォーマンス評価指標に基づいて企業経営戦略を分析する手法を提案した．この方法では，企業経営戦略の目標を達成するための活動の結果を評価するための指標としてCSF（重要成功要因）を定義する．またKPIは，最終的な目標達成状態を定量的に監視するために設定する．

ビジネスレベルとシステムレベルを結びつけるためには，ビジネス戦略コンテクストプロセス(B-SCP, Business Strategy Context Process)手法[4,5]を利用する．これは戦略駆動による企業ITの要求分析手法で，ビジネス戦略と「システムゴールと機能」の連結にはゴールモデルを，ビジネスコンテクストとシステムコンテクストの連結にはJacksonのコンテクスト図[6]を，ビジネスプロセスとシステムプロセスの連結にはマーチン・ウー

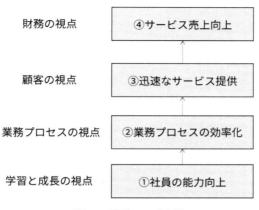

図8-1 戦略マップの例

ルドのロール・アクティビティ図(RAD, Role Activity Diagram)という
ビジネスプロセスモデリング技法を用いる[7].

　KPIデータや現場観察などの事実に基づくIT戦略のデザイン手法
Biz-Alive![5,8,9]では，戦略目標をIT戦略のゴールに対応付け，段階的に
ゴール分析ツリーを用いて分解することにより詳細化していく．またBSC
の4つの視点である財務・顧客・業務プロセス・学習と成長に着目して，
ゴール分析ツリーのゴールをBSC戦略マップに配置することにより，4つ
の視点から見てゴールの抜けがないことを確認できる．

（2）ArchiMate

　上述したゴールモデルを表現するために，EAを記述する図式言語
ArchiMate[10]を使用できる．ArchiMateでは，ビジネスアーキテクチャ,
情報システムアーキテクチャ，テクノロジーアーキテクチャを記述するこ
とができる．モチベーション要素や実装移行要素だけでなく戦略要素や物
理要素なども記述できるので，たとえばDX推進指標の構成要素間の関係
も表現できる[11]．DXではビジネス変革を実現する手段なので，ゴールや
価値を表現する動機要素とビジネス層の記述能力は必須である．この点で，
UMLとSysMLはDXのための図式言語としては能力不足である．

　UML, SysML, ArchiMateの比較を表8-1にまとめる．UMLはソフトウェアを，SysMLはシステムの構成を，ArchiMateはEAを定義する図式言語である．したがって，UMLはアプリケーション(AP)層しか記述できない．SysMLは動機要素としての要求，AP層，ハードウェアなどのテクノロジー層は記述できるが，ゴールや価値などArchiMateの動機要素は記述できない．戦略要素，ビジネス層，物理層，実行移行要素を記述できるのはArchiMateだけである．さらに，UMLとSysMLは図式要素の種類をステレオタイプで表現しているのに対し，ArchiMateではアイコン形状を変えることで図式要素の種類の判別を視覚的に分かりやすくしている．

表8-1　UML, SysML, ArchiMate の比較

項目	UML	SysML	ArchiMate
動機要素	×	要求	要求 , ゴール , 価値他 7 種
戦略要素	×	×	能力，資源，行動計画，価値連鎖
ビジネス層	×	×	アクタ，プロセス，サービス，製品他 9 種
AP 層	○	○	AP コンポーネント，AP オブジェクト他 7 種
テクノロジー層	×	○	ノード，デバイス，パス，人工物他 9 種
物理層	×	×	設備，装置，物質，配送 NW
実装移行要素	×	×	作業パッケージ，プラトー , ギャップ 他 2 種

　山本ら[12]はArchiMateを使用してChristensenら[13]によって提案されたジョブ理論(jobs theory)を視覚化するMBJT(Model Based Jobs Theory)手法を提案した．この手法では，ArchiMateを使用してジョブ理論とゴール指向要求モデルを統合する．また，周ら[14]はArchiMateを使用したビジネス革新のためのアプローチを提案した．

　Iacobら[15]はArchiMateを使用してビジネス戦略を設計する方法を提案した．Iacobら[16]は，EAモデルとビジネスモデル間の相互変換方法も提案している．また，山本と支[17]はArchiMateを使用してビジネスモデルパターンを定義している．

（3）DBSC

　DBSC(Digital Balanced ScoreCard，デジタルバランススコアカード)

はDXの目的を明確化するための手法で，BSCの視点に基づいて経営，顧客／社員の視点，デジタル業務プロセス，DX要求からなる視点を採用することにより，DX戦略マップを定義する．DX戦略マップの主な構成要素の例を表8-2に示す．

表8-2　DX戦略マップの構成要素

視点	主な要素の例
経営	利益拡大，経費削減，リスク対応
顧客 / 社員	顧客価値，社員価値
デジタル業務プロセス	業務価値連鎖，業務プロセス，デジタルビジネスエコシステム
DX 要求	DX で必要となる活動への要求

　DX戦略マップの視点に対する要素間には，下位の要素を達成することが上位の要素の達成に影響するという影響関係がある．たとえば経営視点における利益拡大という要素の達成に，顧客視点における顧客価値向上という要素の達成が肯定的な影響関係を持つ．

　また，DX戦略マップの要素の達成には，CSF（重要成功要因）を対応付ける．すなわち，経営視点，顧客／社員視点，デジタル業務プロセス視点，DX要求視点に対して，経営CSF，顧客社員価値CSF，デジタル業務プロセスCSF，DX-CSFを定義する．さらに，これらのCSFに対してKPIを定義する．

　このようにDX戦略マップを階層的に構成し，それぞれの構成要素に定性指標としてのCSFと定量指標としてのKPIを対応付けることにより，DX戦略の遂行をデータに基づいて着実にマネジメントできる．DBSCの構成を図8-2に示す．

　反復的に実現されるDX能力をDXケイパビリティインクリメント (DXCI)と呼び，これに対してDBSCを定義することができる（図8-3）．DBSCは時間の進行に従ってDX戦略が進化する過程を動的にマネジメントできる．

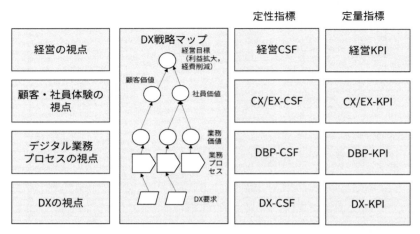

CX: Customer eXperience
EX: Employee eXperience

図8-2　DBSCの構成[1]

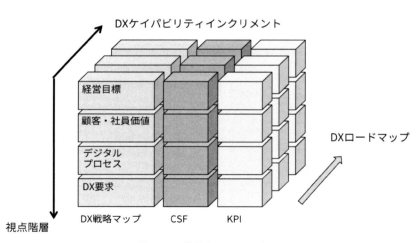

図8-3　反復的なDBSCの適用

（4）DBSCの適用例

　以下では，水道情報活用システムの開発文書に基づいて，DBSCを使用してDX戦略マップを定義した事例を説明する．

対象システム

水道情報活用システムは経済産業省と厚生労働省が水道事業等の持続的な運営基盤の強化に向けてCPS/IoTを活用したシステムで[18]，新エネルギー・産業技術総合開発機構(NEDO)がシステムの標準仕様を公開している[19].

視点分析

水道情報活用システムに対するDBSCの視点は，経営，事業者，デジタル業務プロセス，DXである．表8-3に，各視点の分析結果をまとめた．

表8-3　水道情報活用システムに対するDBSCの視点

視点	内訳	ゴール
経営	—	運用経費の削減・水道事業の効率化
事業者※	水道事業者	調達負担の軽減・水道データ利用価値の拡大
	開発ベンダ	開発負担の軽減
デジタル業務プロセス	水道事業プロセス	—
	水道アプリ開発業務プロセス	—
DX	DX 原則	クラウド移行・データのデジタル化・データ流通促進
	DX 要求	クラウドにより水道情報活用サービスを提供

※事業者として「クラウド事業者」も考えられるが，本稿では紙幅の関係から省略した.

DXの視点には，BSCの学習と成長の視点が対応する．また，組織の学習とデジタル技術による企業の成長を図るDX活動を明示的に記述するためにArchiMateの要求要素を用いた．

DX戦略マップ

視点分析の結果に基づいてArchiMateで作成した水道情報活用システムのDX戦略マップを，図8-4に示す．なお，この例では業務価値は事業者価値と同一視できるとして省略した．

155

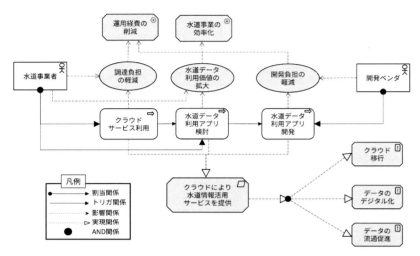

図8-4　水道情報活用サービスのDX戦略マップ

8.2　ArchiMateによるDXの可視化

　本節では，DX推進指標で求められるDX戦略，ビジネスモデル，ビジネスプロセスなどをArchiMateで可視化する手法[20]を解説する.

（1）DX推進のための図式

　DXを推進するためには，デジタル技術を活用してどのような価値の創出を目指すか，そのためにどのようなビジネスモデルや業務プロセスを構築すべきかを図示する必要がある. 具体的には，DX推進指標では以下が求められている.

　①デジタル企業は，顧客や社会のニーズに対応すること.

　②製品やサービス，ビジネスモデルを変革すること.

　③組織，企業文化・風土，業務プロセスを変革すること.

このため，筆者はDXを可視化するために以下の3つの図を提案している[20].

　①顧客や社会のニーズを可視化する価値分析図

②ビジネスモデル変革を可視化するビジネスモデル図

③業務プロセス変革を可視化するビジネスプロセス図

表8-4に示す価値分析，ビジネスモデル，業務プロセスを図で表現できれば，これらの条件を満足することができる．以下では，この3種類の図式化対象を，ビジネス価値分析図，ビジネスモデル図，ビジネスプロセス図によって記述できることを示す．

表 8-4   DX を可視化する図の種類

図式化対象の種類	説明	図
価値分析	デジタル技術と創出価値の関係を記述	ビジネス価値分析図
ビジネスモデル	顧客，サービス，資源，経費などとの関係を記述	ビジネスモデル図
業務プロセス	デジタル技術を利用する業務プロセスとその目的を記述	ビジネスプロセス図

（2）DX 推進図式の表現

表8-5〜8-7に，価値分析，ビジネスモデル，業務プロセスを表現するために必要な分析項目と，それを可視化するArchiMate要素を示す．

表 8-5   価値分析を可視化する ArchiMate 要素

価値分析項目	ArchiMate 要素
提供者	ビジネスアクタ
ビジネス価値	価値，ビジネスゴール
顧客	ビジネスアクタ
顧客関係	ビジネスインタフェース
問題状況	ドライバ
購入	プロセス
原因	アセスメント
業務プロセス	ビジネスプロセス
サービス	ビジネスサービス
製品	プロダクト

表8-6　ビジネスモデルを可視化するArchiMate要素

ビジネスモデル項目	ArchiMate 要素
サービス提供者	ビジネスアクタ
キーパートナー	ビジネスアクタ
資源	資源，ビジネスオブジェクト
経費構造	ビジネスゴール
チャネル	ビジネスインタフェース，ロケーション
収益構造	価値，ビジネスゴール
価値提案	価値，ビジネスゴール
対象分野	ビジネスアクタ
顧客関係	ビジネスサービス
業務プロセス	ビジネスプロセス

表 8-7　業務プロセスを可視化するArchiMate要素

業務プロセス項目	ArchiMate 要素
プロセス遂行者	ビジネスアクタ アプリケーションサービス
業務プロセス	ビジネスプロセス
資源	資源
プロセスゴール	ビジネスゴール

（3）DX推進図式作成手順

　DX推進図式を作成するためには，記述する要素を抽出しておくことが重要である．何を描くかが決まっていれば，効率よく作成できるからである．ここでは，価値分析図，ビジネスモデル図，ビジネスプロセス図を作成する場合の手順を図8-5に示す．

　DXの目的が明確でなければビジネスモデルやビジネスプロセスが作成できない．また，ビジネスモデルとビジネスプロセスの目的が一致していなければDXを適切に推進できない．したがって，最初に価値分析表を作成する．各分析表が作成できていればDXの価値，ビジネスモデル，ビジネスプロセスを明確化でき，とくに要素間に複雑な関係がある場合には，分析表を定義するほうが効率的になる場合がある．しかし，表だけでは構成要素間の関係を明確にできないので，図によって関係を確認する必要が

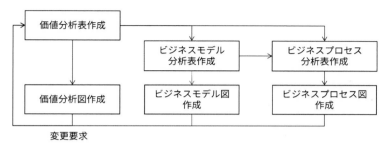

図 8-5　DX 図作成手順

ある.

　さらに，この DX 図作成手順は反復的になっている点に注意する．各 3 種類の表と図の間で整合性を保証するために，表にはあるが図にはない要素や，逆に図にはあるが表にはない要素といった対立する表現を摘出した場合に調整が必要だからである.

（4）DX 推進図式作成の適用例

　以下では 6.5 節（2）で説明した Aarhus デンマーク病院（以下 ADH と略）に対する DX 図式を紹介する[21]．ADH は面積 1 万平方メートル，職員 1 万人の巨大なスーパー病院で，病院内の物流オペレーションの効率化が求められている．そのために資源追跡サービスを導入し，病院職員が必要とするベッドや食事，検査機器などの資源を必要な場所で即時に利用できるようにして，病院の物流オペレーションを最適化するという DX 計画を推進している.

ArchiMate 要素の分析

　ADH の DX に対する価値分析，ビジネスモデル，ビジネスプロセスの各要素は，表 8-8～8-10 の通りである．なお，価値分析とビジネスモデルはそれぞれ MBJT と BMC に基づいている．ビジネスプロセスモデルは，一般的な要素としてプロセス遂行者，業務プロセス，資源とプロセスゴールを抽出している.

表 8-8　DX 価値分析を可視化する ArchiMate 要素

価値分析項目	ADH 価値分析要素
提供者	ADH 病院
ビジネス価値	必要とする職員への資源の迅速な提供
顧客	病院職員
問題状況	病院環境が変化し続ける
購入	資源追跡システムの導入
原因	必要な資源をリアルタイムに利用できない 患者の入院が長期化する 院内設備の利用率を向上できない
業務プロセス	資源追跡システムの利用手順
サービス	資源追跡システム

表8-9　DXビジネスモデルを可視化する ArchiMate 要素

ビジネスモデル項目	ADH ビジネスモデル要素
サービス提供者	ADH
キーパートナ	システム開発者，資源提供者
資源	ベッド，食事
経費構造	医療サービスシステム開発・運用経費
チャネル	ADH 病院環境
収益構造	資源追跡システム利用料，治療費
価値提案	病院内資源利用の最適化
対象分野	病院職員
顧客関係	資源追跡システムの利用
業務プロセス	資源追跡，資源利用指示資源利用，資源返却

表 8-10　DXビジネスプロセスを可視化する ArchiMate 要素

ビジネスプロセス項目	ArchiMate 要素
プロセス遂行者	病院職員 資源追跡システム
業務プロセス	資源追跡，資源利用指示，資源利用，資源返却
資源	医療設備，病院食
プロセスゴール	病院資源利用業務の効率化

ArchiMate による DX 推進図式の表現

ADH の価値分析図を図8-6に示す．

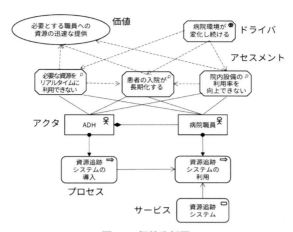

図8-6　価値分析図

ADHのビジネスモデル図を図8-7に示す．この図では，資源の具体的な内容がベッド（設備）と食事（物質）であることを示している．また，資源についての情報を追跡するためにビジネスオブジェクト「資源情報」を追加した．さらに，ArchiMateのロケーション「ADH病院」で病院環境の範囲を示した．

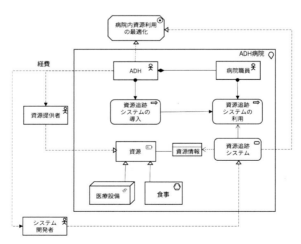

図8-7　ビジネスモデル図

ADHのビジネスプロセス図を図8-8に示す.

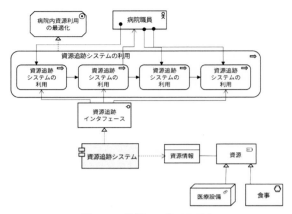

図8-8　ビジネスプロセス図

メタモデルの構成例

ArchiMateは表現能力が高いので，今回選択した図と異なる図の組合せに対応することもできる．たとえば図8-9は，価値分析，ビジネスモデル，ビジネスプロセスに対するメタモデルの構成例である．このメタモデルを変更すれば，上述した3種類の図以外の他の図の組合せにも対応できるのである.

DX推進指標では，価値創出，ビジネスモデル，ビジネスプロセスについて明確化することを求めている．これらを明確化する図式はさまざまだが，明確化するだけではなく内容を確認する必要がある．たとえば，DXでは異なる企業が参画するデジタルビジネスエコシステムの構築が求められるので，参画する企業間のビジネスモデルやビジネスプロセスの相互連携性を確認する必要がある.

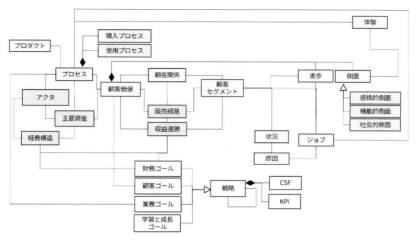

図8-9　統合メタモデルの例

8.3　DXプロセスの事例

（1）大企業のDX策

　Sebastian ら[22]によれば，大企業のDX策のためには以下に示す事項を実施する必要がある．

デジタル戦略を定義

　デジタル戦略の明確化によって社員を目的に集中させる．

オペレーショナルバックボーンへの投資

　事業バックボーンへの投資は，デジタルエコノミーの成功に必要な前提条件である．上級管理者は，適切に設計された顧客データベースやサプライチェーン管理など会社のデジタル戦略に不可欠な機能の構築に集中する必要がある．

デジタルサービスプラットフォームを設計

　デジタルイノベーションへの焦点化によって，デジタルサービスプラットフォームのアーキテクチャを定義する．重要なビジネスコンポーネントのデータ要件を確立し，必要なデータにアクセスするための API を定義することにより，革新的なデジタルサービスの保護，接続，分析，サポートに必要な基盤を構築する．

パートナーとデジタルサービスプラットフォームを設計

　顧客，サプライヤなどのステークホルダが開発する革新的なビジネスサービスやフロントエンドアプリがデジタルサービスプラットフォームに統合できるように設計する必要がある．

サービス文化に適応

　ビジネスチームと IT チームが共同で新しいビジネスサービスを定義，設計，提供，価格設定，優先順位付け，実装，強化，および破棄する．

（2）データ駆動DXプロセス

　Pflaum ら[23]は，表8-11に示すデータ駆動企業に向けた DX プロセスを提案している．

表8-11　データ駆動企業に向けた DX プロセス

プロセス	主な活動
デジタル戦略策定	デジタルビジネスビジョン定義 デジタルビジネスケース定義 DX 成熟度評価 ビジネス価値でビジネスケースを順位付け
データ知識定義	データモデルを定義 データ発生源とデータ活用先を特定 データモデルを活用先へ公開
知識適用	AI 技術をデータに適用 データ分析，データ活用ソリューションを開発 標準調達プロセス (SPS)，製造，実行システム (MES)，enterprise resource planning(ERP) を活用
変革管理	ソリューションを統合，オープン化，標準化 ロードマップを改訂・管理 デジタル企業の実現

　この変革プロセスから，いきなり AI 技術やデータ分析ソリューションを

開発するのではなく，まずデジタル戦略とデータ知識の定義が重要であること，また，企業の業務プロセスにデジタル技術を統合することによってデジタル企業を実現する必要があるということが分かる．

（3）デジタル企業メソッドアーキテクチャ

Traversoら[24]はデジタル企業のために，戦略策定，変革計画，計画遂行，運用管理からなる4工程でEA手法を再構成したメソッドアーキテクチャ（手法を要素とする方法論の構造）を提案している（表8-12）．Traversoらは，DXのために計画遂行工程と運用管理工程でEAとアジャイル開発・展開を統合している．

表8-12　デジタル企業のメソッドアーキテクチャ

工程	顧客体験	EA	ガバナンス
戦略策定	ペルソナ カスタマジャーニー	ステークホルダマップ 価値ストリーム	ビジネスモデル
変革計画	顧客体験成熟度評価	ビジネスオペレーションモデル ケイパビリティマップ 能力成熟度評価	変革成熟度評価 アーキテクチャ委員会
計画遂行	顧客プロセス	ビジネスプロセス，役割 ケイパビリティ計画 BA，AA，TA アジャイル開発	組織能力・文化 変革ガバナンス
運用管理	顧客体験ガバナンス	アジャイル展開 マイクロサービスカタログ サービスカタログ 参照アーキテクチャ PaaS	運用ガバナンス

各工程の概要は以下の通りである．

戦略策定

　ビジネスアーキテクチャにより，優位性と顧客体験の観点からビジネス成果，戦略的選択肢の効果とリスク，組織の変革能力，適切な能力の外注や共有の選択肢を評価する．

変革計画

　将来のビジネスオペレーション，解決すべきギャップの優先順位，変革ロードマップ，ビジネス効果，ステークホルダ，ROIと予算評価，活動責任，クロスファンクショナル依存関

係を計画する.

計画遂行

　将来のオペレーションモデルを人（組織と能力）プロセスと役割, 情報とテクノロジーに対応付ける. 特定のソリューションである小さな開発単位に焦点化したアジャイル開発プロジェクトによって, 計画全体を反復的に実現する. 開発単位が断片化されたままでアーキテクチャがない場合, ソリューション全体を統合するが難しくなる. 全体的な EA に従って各ソリューションを開発することにより, ソリューションにスコープを当てたアジャイル開発の統合を容易化できる.

運用管理

　ビジネスオペレーション, 期待されるビジネスケイパビリティ指標, ケイパビリティの責任組織, 価値マップ, ステークホルダを定義することにより, 変革を実行する過程でビジネスケイパビリティを実装した結果を評価でき, 識別した新たな課題に基づいて継続的改善サイクルを遂行することができる. この過程を反復して, 実際のエンドツーエンドのコストと利益が期待と一致することを確認する.

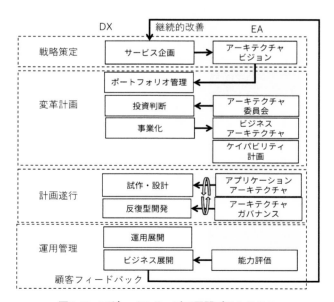

図8-10　アジャイルサービス展開プロセス [24]

　上述したTraversoらの戦略策定，変革計画，計画遂行，運用管理からなる工程を図8-10に示す．EAによってビジネス変革に対応したアジャイル開発と運用が実現できるようになっていることが分かる．

（4）DXプロセスの構造

　Vial[25]はDXプロセスの構成要素を調査して，デジタル技術の活用，デジタルによる破壊，戦略策定，価値創造における変革，組織変革，組織の抵抗が共通要素であることを明らかにした．しかし，戦略策定と組織変革の関係が明確ではないことや，組織の抵抗はDXプロセスの外部障壁であることなど，共通要素間の関係の整理が不十分であるという問題があった．

　そこで筆者はVialの結果に基づいて共通要素を見直すとともにDXプロセスを再構成し，図8-11のようにデジタル要求分析，デジタル戦略構築，デジタル技術活用，ビジネス価値創造，組織構造改革，組織学習を要素とするDXプロセスを定義した．

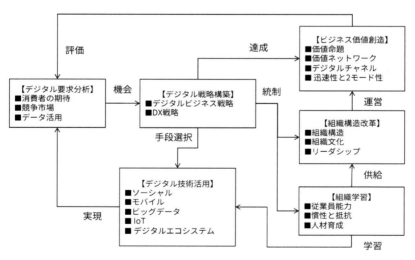

図8-11　DXプロセスの構造 [25]

　各要素の概要は，以下の通りである．

デジタル要求分析

消費者の期待，競争市場，データ活用などの観点からデジタル機会を明らかにする．

デジタル戦略構築

デジタル機会に基づいてデジタルビジネス戦略とDX戦略を策定する．

ビジネス価値創造

DXによって企業が達成する価値命題，ならびにパートナー企業と形成するデジタルビジネスエコシステムによる価値ネットワークを定義する．また，デジタルチャネルによる顧客価値，業務プロセスのデジタル化による迅速性，デジタルサービスプラットフォームとバックボーンを相互連携する2モード性などの価値創造も定義する．さらに，構造改革された組織がビジネス価値創造において開発したデジタル技術を実現していることを評価する．この評価の目的は，デジタル要求分析によって識別されたデジタル機会に基づいて実現・運営されたデジタル価値の妥当性を確認することである．

組織構造改革

デジタル戦略に基づいて組織構造，組織文化，リーダーシップを改革する．

組織学習

デジタル戦略に基づいて従業員のデジタル能力ならびに既存の行動慣性とDXへの抵抗を評価するとともに，デジタル人材を育成する．

デジタル技術活用

デジタル戦略に基づいて，デジタル要求を実現する手段としてソーシャルサービス，モバイルサービス，ビッグデータ，IoT，デジタルエコシステム，AIなどのデジタル技術を選択する．

（5）顧客体験の変革プロセス

de Boerら[26]は，製造業におけるDXの取り組みについて，以下の5つの原則を提案している．

ビジネス価値の明確化

　DXを成功させるためには，財務面と運用面の明確な目的を組織全体に段階的に展開して成果を管理する必要がある．したがって，定量的な価値に基づくロードマップが必要である．

変革手法を統合

　組織の全現場を段階的に変革するための統合化変革プロセス（準備段階，診断段階，設計段階，現場段階）が必要である．

展開能力の連携

　ビジネス，IT専門家，デジタル技術専門家，データサイエンティストが連携できる展開能力を構築する必要がある．

変革事例の組織的展開

　DX事例を企業内でリポジトリに蓄積して組織的に展開する必要がある．変革事例の展開では事業ニーズ，顧客価値，現場能力に応じた優先順位付けが必要である．

変革効果の管理

　DXの効果を確実にするためには有効性と健全性の統制が必要である．迅速な反復的開発では，成果の達成とリスクを管理するために厳格な統制が必要になる．

また，変革プロセスは，以下の通りである（図8-12）．

準備段階

　データ流通とデジタル化の観点から先進的なデータ分析手法やデジタルソリューションを抽出する．

診断段階

　データ流通とデジタル化の観点から組織能力を評価することにより，必要な能力開発のための投資を実施する．

設計段階

　データ流通とデジタル技術の観点からデータアーキテクチャとITアーキテクチャを設計する．

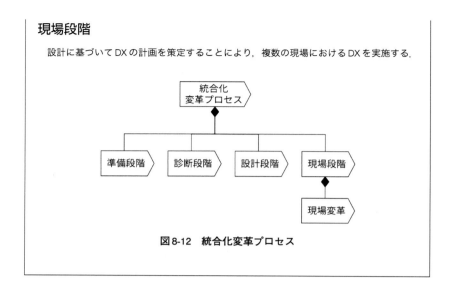

現場段階

設計に基づいて DX の計画を策定することにより，複数の現場における DX を実施する．

図8-12　統合化変革プロセス

de Boer らは，DX 事例の組織的展開では次の3つの要素が必要になるとしている．

・変革事例リポジトリ

　変革事例とその適用ガイドならびに教育素材を格納する．

・デジタル CoE(Center of Excellence)

　DX のバックボーン組織である．デジタル能力構築戦略，変革評価指標，運用モデル，変更管理を統制することにより，DX の現場展開を推進する．

・デジタル戦略ロードマップ

　ビジネスニーズに基づいて事業展開の段階的な優先順位を定義する．

　また de Boer らは，DX を成功させるためには，ビジネス，IT 専門家，デジタル技術専門家，データサイエンティストなど異なる役割の相互連携が必要になることを指摘している．たとえば図8-13では，顧客体験をデジタル変革するために必要な複数の専門家の役割と DX プロセスの関係を示している．顧客体験をデジタル化するためにはユーザインタフェースだけの変革では不十分であり，ビジネスで価値が生まれるように収集分析されるデータとその流通基盤をどのように活用するかを考慮した設計が必要で

ある.

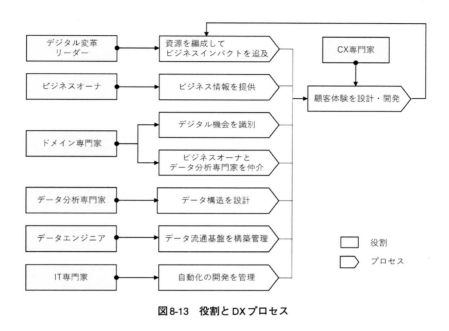

図8-13　役割とDXプロセス

（6）DXプレイブック

　Rogers[27]は，DXプレイブック(The Digital Transformation Playbook)で9つのツールを提案し，DXのドメインとしてカスタマー，コンペティション，データ，イノベーション，バリューに注目する必要があるとしている.

　カスタマーのためのDXツールは，①カスタマーネットワーク戦略ジェネレータである. カスタマーネットワーク戦略ジェネレータは，顧客に焦点を当てた戦略を策定するために，目標設定，カスタマー選択と焦点化，戦略選択，概念生成，インパクト定義を明確化する. 目標設定では，ビジネスで実現すべき直接目標と高水準目標を策定する. カスタマー選択と焦点化では，カスタマー像，目標の独自性，提供価値，成功への障壁を明確化

する．戦略選択では，顧客ネットワーク形態に基づく戦略を選択する．概念生成では，選択したカスタマーと戦略に従って，具体的なデジタル製品/サービスの概念を生成する．インパクト定義では，戦略概念が目標を達成できることを定量的に確認する．

コンペティションのためのDXツールは，②プラットフォームビジネスモデルマップ，③コンペティティブバリュートレイン，④破壊的ビジネスモデルマップ，⑤破壊的レスポンスプランナである．プラットフォームビジネスモデルマップの例として，ArchiMateで作成したソーシャルネットワークサービスの例を図8-14に示す．なお，この図はRogersの表記法とは異なることを注意しておく．

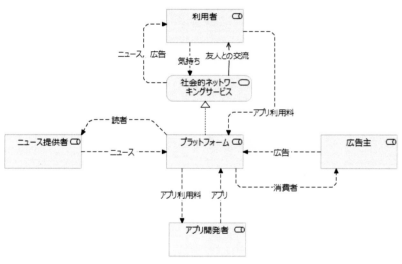

図8-14　プラットフォームビジネスモデルマップの例 (ArchiMate)

データのためのDXツールは，⑥データバリュージェネレータである．

イノベーションのためのDXツールは，⑦収束的実験方法と⑧発散的実験方法である．たとえば発散的実験方法では，準備・反復・活動からなる3段階で発散的に仮説を生成して実験する手順を以下のように具体化している．

準備段階

1. 解決すべき問題を定義する.
2. 期限, 予算, 範囲を設定する.
3. チーム規模, 技能に基づいて実験チームの要員を選定する.

反復段階

1. 顧客問題の背景を理解する.
2. 問題に対する複数の解決策を生成する.
3. 解決策の重要課題を確認する最小解を試作する.
4. 実地試験で仮説を確認する.
5. 反復を継続, 活動停止, 活動開始, 代替案選択のいずれかを判断する.

活動段階

1. 最小解を拡張して事業化する.
2. 実験で得た知見を共有する.

バリューのためのDXツールは, ⑨バリュープロポジションロードマップである. バリュープロポジションロードマップでは, 受益価値による主要顧客の識別に基づいて現行提供価値を定義するとともに, 新たな脅威を識別する. 次いで現行提供価値の強みを分析し, 新たな潜在価値候補を創出することにより, 将来の提案価値として統合する.

(7) デジタルビジネスデザイン

Rossら[28]は, デジタルビジネスで成功するための企業デザイン手法として「デジタルビジネスデザイン」を提案している.

【定義】デジタルビジネスデザイン (Ross, Bess, Mocker, 2019)

デジタル技術の活用によって価値を定義し提供物を展開するためのヒト, プロセス, テクノロジーからなる包括的な組織構成.

図8-15は, ヒト, プロセス, テクノロジーに基づく包括的で組織的な構成によって価値提案を定義するとともに, デジタル提供物を提供すること

で価値提案が実現することを示している.

　デジタルビジネスデザインでは，ヒトに対して役割，説明責任，体制，スキルを設計し，プロセスに対してワークフロー，ルーチン，手続きを設計する．さらに，テクノロジーに対して，基盤と，アプリケーションを設計する．

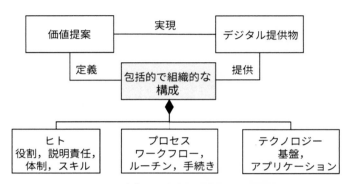

図8-15　デジタルビジネスデザインの構造

　Rossらによるデジタルビジネスデザインでは，DXを成功させるために，デジタルプラットフォームだけでなく，以下に示すオペレーショナルバックボーン，外部開発プラットフォーム，共有顧客分析，アカウンタビリティフレームワークという相互作用する5つのビルディングブロック（構成要素）を構築する必要がある．

デジタルプラットフォーム

　デジタル提供物 (digital offerings) を迅速に構成するために使用されるビジネス，データ，基盤コンポーネントのリポジトリ.

オペレーショナルバックボーン

　企業の中核オペレーションを支援する，標準化・統合されたシステム，プロセス，データの一貫した集合.

外部開発プラットフォーム

外部パートナーに提供するデジタルコンポーネントリポジトリ.

共有顧客分析

顧客が何に対価を支払い，デジタル技術がどのように顧客の需要を届けることができるかについての組織学習.

アカウンタビリティフレームワーク

デジタル提供物とコンポーネントについての責任配分の定義.

デジタルビジネスデザインの5つのビルディングブロックの構築方法を説明すると，以下の通りである.

共有顧客分析

デジタル提供物の着想を実験的に評価することにより，顧客価値を生むビジョンを探索する．この過程で，組織横断的活動により製品開発，販売，サービスプロセスの緊密な統合を推進するとともに，顧客とデジタル提供物についての共創と共有学習を展開する.

オペレーショナルバックボーンの構築

オペレーショナルバックボーンは，標準プロセス，共有データ，共有アプリケーション，共有テクノロジーから構成され，これらは EA におけるビジネスアーキテクチャ，データアーキテクチャ，アプリケーションアーキテクチャ，テクノロジーアーキテクチャに対応している．各要素の構築の目的を以下に述べる.

標準プロセス
サイロ化した業務プロセスを統合化と標準化の観点から整理して標準プロセスを定義する
共有データ
老朽システムのデータを洗浄して，信頼性を保証する.
共有アプリケーション
老朽システムを再構築して共有アプリケーションを抽出する.
共有テクノロジー
デジタル技術を継続的に導入する.

このように構築されたオペレーショナルバックボーンでは，業務プロセスを自動化しシームレスなトランザクションを支援することにより，情報源への高信頼アクセスを提供する

ことができる.
　オペレーショナルバックボーンでは，企業が運用で蓄積したデジタル資産をAPI開発者に公開する.

デジタルプラットフォームの構築

　デジタルプラットフォームでは，ビジネスコンポーネント，データコンポーネント，基盤コンポーネントを構築する．デジタルプラットフォームのコンポーネントを適切に統合するためには，アーキテクチャ原則を明確化する必要がある．たとえばモジュラリティ，再利用性，ロードマッピング，標準APIへの準拠などを定義する．また，デジタルプラットフォームの構築戦略では，段階的開発やコンポーネントの購入についても検討する.
　デジタルプラットフォームでは，API所有者がデジタル資産を活用するためのAPIを外部開発者に提供する.

外部開発プラットフォームの構築

　外部開発プラットフォームでは，外部開発者がAPIを利用して開発したデジタルコンポーネントをエンドユーザが利用するアプリケーションとして提供できる.

アカウンタビリティフレームワークの構築

　デジタルプラットフォームでは，デジタル提供物とコンポーネントを迅速に開発するためのコンポーネントの再利用促進と，独立に開発するためのコンポーネントの自律性向上が必要である．コンポーネントを適切に再利用するためには，コンポーネントの境界条件に対する整合性を保証する必要がある．したがってアカウンタビリティフレームワークでは，コンポーネントの自律性と整合性に対応するように，自律性と整合性を組織のロールとプロセスに展開する必要がある.

　オペレーショナルバックボーンは，標準プロセス，共有データ，共有アプリケーション，共有テクノロジーから構成される．Rossたちによれば，オペレーショナルバックボーンを構築するために老朽システムを変革することは，デジタルビジネスのために必要なテーブルステークス (table stakes)である．テーブルステークスは，ポーカー用語から転じてビジネスでは市場参入する上で最低限必要なことを意味する．老朽システムをなんとかしなければデジタルビジネスに参加する資格がないという主張だ．つまりデジタルビジネスで成功するためには，老朽システムという技術的負債を解消する必要がある.
　老朽システムである基幹系には手を入れず，イノベーション系の新規事

業システムを出島式に別システムで開発すべきだという主張もあるが，オペレーショナルバックボーンを構築しなければ，別系統で構築したデジタル事業の規模を拡大できないということを認識すべきである．

第9章
デジタルガバナンス

　DX推進指標では,「挑戦を促し失敗から学ぶプロセスをスピーディーに実行し, 継続できる仕組みが構築できている」ことが問われている. デジタル技術を用いて新しい価値を持つ製品やサービスを開発する上では, 失敗を許容する必要がある. 本章では, デジタルリスクを管理するためのデジタルガバナンスについて解説する.

9.1　デジタルガバナンスの背景

（1）リスク管理の必要性

　DXプロジェクトがすべて成功するとは限らない．たとえば機械学習システムの開発では十分な学習データが必要だが，それに気づかないまま開発を進めてしまうと教師データが不十分であるために必要なはずの学習ができず，動かないシステムができてしまう．また，開発段階でリスクに気づいてもリスクを解消する仕組みがなければ開発を継続することになり，投資が無駄になる．

　したがって，DXでは迅速なシステム開発よりもむしろリスク管理が重要になる．図9-1に示すように失敗リスクを早期に検出して対策できれば，成功率を向上できる．また，リスクが解消できないのであれば，失敗プロジェクトを早期に中断して無駄な投資を防ぎ，新たなデジタル案件に再投資でき，担当社員の士気の低下も回避できる．

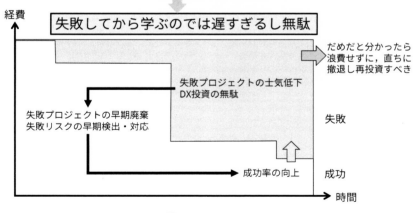

図9-1　DXリスク

　このようにDXではリスクマネジメントが不可欠であるが，それだけで

は不十分で，包括的なデジタルガバナンスが必要である．DXは，実施企業だけでなくパートナー企業も含むデジタルエコシステムを目指すためである．この点で，特定のシステムをデジタル技術で開発する単純なデジタル化とDXは決定的に異なる．

（2）COBITとデジタルガバナンス

COBIT(Control Objectives for Information-related Technology)は，ITガバナンス，ITマネジメント，コントロールについての包括的な知識体系である[1]．COBITにはDXについての具体的な記述はないが，ITガバナンスとITマネジメントについての包括的な知識体系なので，デジタル技術を活用したITのガバナンスとマネジメントにも適用できる．図9-2に，COBITに基づくデジタルガバナンスの定義を示す．

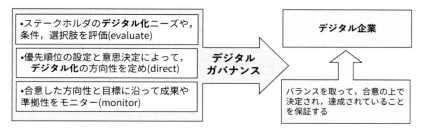

図9-2　COBITに基づくデジタルガバナンスの定義 [1]

COBIT5では，事業体がITガバナンスとITマネジメントの目標を達成するための包括的なフレームワークを提供するために，次の5つの原則を定義している．

　　［原則1］ステークホルダのニーズの充足
　　［原則2］事業体全体の包含
　　［原則3］一つに統合されたフレームワークの適用
　　［原則4］包括的アプローチの実現
　　［原則5］ガバナンスとマネジメントの分離
　　COBIT5の評価指標では，企業のガバナンスとマネジメントの成熟度を測定するためにIT達成目標とプロセス達成目標を例示し，また，ガバナン

スとマネジメントの具体的な参照プロセスも提示している[2]．DX ガバナンスに COBIT を適応するための考え方を表9-1にまとめた．COBIT5のガバナンスでは，評価，方向付け，監視が基本なので，列はそれにならった．

表9-1　DX ガバナンスへの COBIT の適応

プロセス	DX の評価	DX の方向付け	DX の監視
ガバナンスフレームワークの設定と維持の保証	DX ガバナンス設計，判断原則を定義	DX ガバナンス構造，プロセスを策定	DX ガバナンスへの準拠状況を監視
効果提供の保証	DX 投資目標の評価	DX 価値管理指標の定義	DX 効果測定指標の確認，課題特定と対応検討
リスク最適化の保証	DX リスク特定，リスク管理活動を評価	DX リスク管理方針と管理指標を定義	DX リスク管理目標の確認，逸脱の特定・報告
資源最適化の保証	DX 資源管理原則を定義	DX 資源管理原則の適用確認	DX 資源管理原則の逸脱分析・対応
ステークホルダから見た透明性の保証	報告要件・原則を定義	報告品質・戦略を策定	報告要件充足性確認

（3）デジタルガバナンス・コード

　経済産業省はデジタルガバナンス・コードの策定に向けた検討を進めている[3]．その目的は DX 銘柄の格付けと企業が DX の推進状況を外部に説明し評価することで，次の5つの行動原則を提案している．
　　［原則1］成長に向けたビジョンの構築と共有
　　［原則2］ビジョンの実現に向けたデジタル戦略の策定
　　［原則3］体制構築と関係者との協業
　　［原則4］デジタル経営資源の適正な配分
　　［原則5］デジタル戦略の実行と評価
デジタルガバナンス・コードの評価指標では，この5原則に対応するガバナンス評価基準と対応するマネジメント評価基準を策定する予定である．ただし，外部評価のための DX の方針，戦略や計画などの策定項目を提示しているだけで，企業が具体的な DX 活動をどのように実施するかについては説明していない．
　表9-2に，COBIT5とデジタルガバナンス・コードの比較を示す．

表9-2 COBIT5とデジタルガバナンス・コードの比較

	COBIT5	デジタルガバナンス・コード
概要	ITガバナンス, ITマネジメント, コントロールのための包括的知識体系	市場関係者が企業のデジタルガバナンスを評価するための行動原則
原則	・ステークホルダのニーズを充足 ・事業体全体の包含 ・一つに統合されたフレームワークの適用 ・包括的アプローチの実現 ・ガバナンスとマネジメントの分離	・成長に向けたビジョンの構築と共有 ・ビジョンの実現に向けたデジタル戦略の策定 ・体制構築と関係者との協業 ・デジタル経営資源の適正な配分 ・デジタル戦略の実行と評価
目的	ITガバナンスとITマネジメントの目標を事業体が達成するための包括的なフレームワークの提供	DX銘柄の格付け. DXの推進状況を外部に説明し評価するために評価基準を策定
評価指標	IT達成目標とプロセス達成目標を例示	5つの原則に対応するガバナンス評価基準にマネジメントの評価基準をそれぞれ対応付け
活動	ガバナンスおよびマネジメントの参照プロセスを提示	方針, 戦略や計画などの策定項目を提示

9.2 デジタルガバナンス

本節では, オープングループのDPBoK[4,5]に従ってデジタルガバナンスを説明する.

(1) デジタルガバナンスのコンテクスト

ガバナンスの基本は, 企業が果たすべき約束を遵守していることを客観的に説明することである. オープングループのDPBoK(Digital Practitioner Body of Knowledge)[4]によるデジタルガバナンスのコンテクストを, 表9-3にまとめる.

表9-3　デジタルガバナンスのコンテクスト

コンテクスト	ガバナンスの対象	説明
デジタル市場	ブランド	市場における守るべき価値としての約束
顧客	契約	顧客との具体的な約束
行政・規制官庁	法律，規制，標準	社会的に順守すべき約束
競合企業	脅威	規制面,運用面,意図的および非意図的,法令違反,環境面などの脅威への対応

　デジタル製品・サービスは，ただ開発するだけでなく，デジタルガバナンスのコンテクストに応じて適切に開発されていることを監視・統制する必要がある．そのためには，まずガバナンスのゴールや原則を定義する必要がある．

（2）デジタルガバナンスの構造

　図9-3に，企業構造に従ってガバナンス構造を示す．最上位に顧客，次いで全社ガバナンス，部門横断ガバナンス，部門内ガバナンスと続く．また，デジタルガバナンスとデジタルマネジメントを分離している点で，COBIT5に準拠していることが分かる．

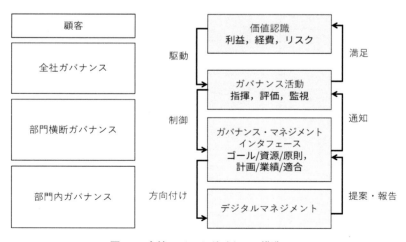

図9-3　全社レベルのガバナンス構造[4]

各階層の活動内容は以下の通りである.

価値認識

デジタル技術を用いた製品・サービスによる利益の実現
デジタル技術を用いた製品・サービス開発・運用経費の最適化
デジタル技術を用いた製品・サービス開発・運用リスクの最小化

ガバナンス活動

組織の意図と資源の承認を確立するための指揮
現行の提案と計画を含む現状の分析に基づく評価
指揮と評価のための組織状態の監視

ガバナンス・マネジメントインタフェース

統制側の指示(製品や市場戦略などのゴール,組織による予算承認などの資源確保,原則や方針)
管理側の提示(予算要求などの高水準の計画,販売実績などの業績報告,監査や保証などのための適合性指標)
ゴール／資源／原則によるデジタルマネジメントの方向付け

デジタルマネジメント

部門横断・部門内・個人によるデジタル技術を用いた製品・サービス開発と運用のマネジメント
デジタル製品・サービス開発過程における方針管理・第三者保証・監査・コンプライアンス
計画／業績／適合をガバナンスマネジメントインタフェースに提案報告

---

(3) デジタルガバナンスの要素

デジタルガバナンスで考慮すべき要素は,以下の通りである.

原則,方針,フレームワーク

方針を標準化して管理時間を削減するとともに,方針を一貫して適用することにより法制問題の発生についての懸念を低減する.

人，スキル，優位性

人材能力に基づいて組織学習能力を確立する．

文化，倫理，振舞い

収益拡大とともにリスク要因ともなることから，経費に大きく影響する可能性がある．

組織構造

組織横断的に展開するためにセキュリティ会議などの調整委員会を整備する必要がある．

プロセス

リスク管理プロセスなどのガバナンスの主要な手段であることから，整備する必要がある．

情報

ガバナンスを方向付け，ガバナンスシステムに提供される情報，データ品質などの情報資源管理が必要になる．

サービス，基盤，アプリケーション

デジタル価値の基礎である．このため，サービス制御，構築管理，パッケージ管理，展開構成管理，監視，ポートフォリオ管理などが必要となる．

（4）デジタルガバナンスのマネジメント

デジタルガバナンスでは，有効性，効率性を実現するためのマネジメントとデジタルリスクのマネジメントが重要である．それぞれの目標を以下に示す．

デジタル有効性の実現

デジタル製品・サービスによる新たな収益の拡大．

デジタル効率性の実現

デジタル製品・サービスによる業務効率の向上．具体的にはデジタルパイプラインの統合管理，内部サービスの標準化，プロセスポートフォリオによる最適化，ガバナンス需要の

管理など．なお，デジタルパイプラインとは，複数のデジタル製品・サービスによる価値連鎖の実現を意味する．

デジタルリスクマネジメント

市場投入の遅れによる機会損失リスクへの対応，DX に抵抗する組織文化リスクへの対応，外部サービスリスクへの対応など．

また，デジタルガバナンスのリスクマネジメントでは，以下を実施する．

保証

証拠に基づく管理活動の適切性を客観的に説明する．

コンプライアンス

法制度，契約，標準などへの適合リスクを管理する．

監査

制度と企業ニーズへの適合性を確認して報告する．

セキュリティ

デジタル製品・サービスの使用と振舞の変更に対する，悪意を持った第三者からの不適切な操作に対応できるシステム能力を構築する．

（5）デジタル製品・サービスの第三者保証

デジタルガバナンスでは，デジタル製品・サービスがステークホルダに対する価値を適切に提供できることを客観的に保証する必要がある．このために，表9-4に示すように独立保証機関による第三者保証が必要になる．表9-4の対角要素では，ステークホルダ，デジタル製品・サービス提供企業，独立保証機関という3種類の主体について第三者保証に対する目的を説明している．たとえばステークホルダの第三者保証の目的は，デジタル価値享受と保証命題の定義である．

ここで，保証命題とはデジタル製品・サービスがステークホルダの求め

る価値を提供するという宣言である．デジタル製品・サービスの提供企業とは独立した第三者機関がこれを保証することで，妥当性が向上する．

表9-4　第三者保証

	ステークホルダ	デジタル製品・サービス提供企業	独立保証機関
ステークホルダ	デジタル価値享受保証命題の定義	第三者保証の指導	保証命題の評価
デジタル製品・サービス提供企業	保証命題の提示	デジタル製品・サービスの開発・運用	保証命題の評価
独立保証機関	命題保証支援	開発・運用情報	第三者保証の実施

9.3　行政におけるデジタルガバナンスの分類

（1）デジタルガバナンスの主体

　デジタルガバナンスの主体は公共機関と民間企業に分けることができる．行政などの公共機関のデジタルガバナンスは，省庁，地方自治体，市町村などの行政機関ごとに推進されるDXを統治する．さもなければ，縦割り組織の中で個別にDXが展開され，収集がつかないだけでなく非効率であることは明白である．

　デンマーク政府では，公共部門をデジタル化するために，行政組織機関の横断する協働型のeガバナンス協力モデル(e-Governance cooperation model)を構築している[6]（図9-4）．PSC(Portfolio Steering Committee，ポートフォリオ運営委員会)，DIGST（Danish Agency for Digitization，デジタル化庁）によって階層的にDXの情報フローと意思決定を形式化することにより，デンマークの電子政府戦略における行政のDXの遂行責任を明確化するとともに，利害関係者が多く複雑化して停滞しがちな公共機関のDXにおいて，秩序と監視を実現している．

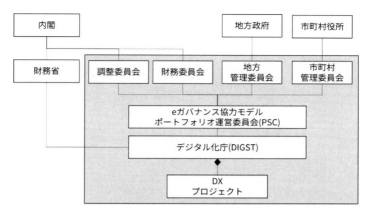

図9-4 デンマークのeガバナンス協力モデルの体制

　eガバナンス協力モデルでは，PSCとDIGSTでDX戦略，個々の行動計画の目標，KPIの間の追跡性を保証し，DX計画の実装の成功と価値の実現を確実なものとする．これにより，DXの国家ビジョンや，戦略による行動計画の統制に貢献している．また，政府，地方自治体，市町村という行政のすべてのレベルで，DXビジョン，戦略，および行動計画に対する協力体制の構築に貢献する．たとえば，対立の解決，プロジェクト間の本質的な調整，プロジェクトの優先順位付け，予算，法律問題の解決などを実現できる．

　DIGSTとPSCには，政府，地方行政，地方自治体間の行政組織間協力のための強力な権限と役割が与えられている．PSCには，内閣の財務委員会と行政組織間の調整委員会，財務省，税務，司法，科学，健康などの主要省庁，地方管理委員会，市町村管理委員会の代表が参画する．行政機関の代表者が参加していることから，DXスキルを戦略的に開発できる．なお調整委員会の役割は，DXを進める上で発生する様々な対立を解消することである．

　DIGSTの役割は，eガバナンス戦略と行動計画の責任を持ち，DXの価値の実現とコンプライアンスを保証することである．財務省に設置され，DXプロジェクトを遂行する作業グループの行動計画や予算執行の適切性と価値創出について意思決定を管理する．強力な権限に基づく協議とコン

センサスによって，デジタル化計画を集中的に統制している．このデジタル化計画で新しい概念を検証して，他の公共機関のDXに横断的に展開することもできる．

　また，DIGSTではリスクの最小化，リスク評価に基づく建設的なアドバイス，業務価値の実効性確認ができる構造的なITプロジェクト管理モデルを導入している[7]．予算規模130〜800万ユーロのプロジェクトについてはDIGSTが評価し，プロジェクトが成功して想定価値を生むかどうかについてDITPC(Danish IT-Projects Council)によるレビューを推奨している．なお，800万ユーロを超えるプロジェクトについては，必ずDITPCがレビューして内閣予算委員会での承認される必要がある．

　DITPCレビューでは，予算超過，リスク，未成熟，過度に挑戦的などの観点でプロジェクトが評価され，延期や再設計の必要性が判断される．大きなリスクが懸念され，外部レビューも必要だと判断されることもある．DITPCによって行政機関のDXプロジェクトを管理する利点は，以下の通りである．

・大規模プロジェクトの失敗による潜在的な経済損失を明確化できる．
・リスクを低減し，大規模プロジェクトから確実に価値を生むことができる．
・DITPCで蓄積される大規模プロジェクトの経験を，公共部門だけでなく民間のITベンダやコンサルタントなどとも共有できる．
・Danish Digital ScorecardでKPIをプロジェクトに対応付けることにより，プロジェクトが生む価値を評価できる．
・プロジェクトのKPIを総合することで，政府レベルの戦略目標の達成度を評価できる．

このようにデンマークでは，PSCおよびDIGSTに基づくeガバナンス協力モデルによって国，地域，地方当局間の調整と協力を確立し，全体的な方向性と戦略を共有している．これにより，市民と企業に対して行政機関が「一つの声(single voice)」で話すという感覚が提供されている．

　デンマークの取り組みは公共機関のみならず，多くの業種，工場や支社をもつ大規模な民間企業におけるデジタルガバナンスでも参考になると思われる．たとえば多様なステークホルダを内部に抱える大企業で，ステークホルダの代表からなるデジタルガバナンス協力運営委員会を設置してDX

プロジェクトを統制することで，社内のDXを強力に推進できる可能性がある．

（2）デジタルガバナンスのシナリオ

　Kitsing[8]は，行政のDXでデジタルガバナンスが必要になる理由を，公共部門のガバナンスが縦割り組織の下で断片化・サイロ化することを防ぐためであるとし，エストニア政府のデジタルガバナンスの見通しとして，表9-5に示すアドホック型，夜警型，起業家型，世話人型，ネットワーク型の5つのシナリオを紹介している．

表9-5　エストニア政府のデジタルガバナンスのシナリオ

シナリオ	意思決定	ガバナンス主体	DX の特徴
アドホック型	強力な予算制約の下での一元化された迅速な意思決定	行政機関が中心．議会および地方自治体の役割は減少	コスト削減と標準化を目的とする不均一なデジタル化
夜警型	厳しい予算制約の下での集中的で計算された意思決定	行政機関が支配．議会および地方自治体の役割は最小限	効率の向上を目的とした限定的なデジタル化．プライバシーとセキュリティが関心事
起業家型	寛大な予算の制約の下での一元化された迅速な意思決定	行政機関が戦略的な俊敏性を目指し，企業として機能。議会および地方自治体の役割は限定	戦略的に重要な領域を優先．行政プラットフォームの国際化
世話人型	寛大な予算制約の下での集中的かつ分析的な意思決定．	政府はすべての市民の福祉に焦点化．議会と地方自治体の役割が重要	社会分析を通じて，均一的，全体的なデジタル化，サービスの質保証，予防方針が関心事．
ネットワーク型	寛大な予算の制約の下での分散的かつ分析的な意思決定	行政機関の役割は限定．議会，地方自治体，コミュニティ，市民の役割が重要	異なるモデルによる多様なデジタル化．サービスの共創と参画支援．

　Kitsingは，DXの方向性は，将来的に効率性の追求から公平性の追求に移行すると想定している．しかし，現状ではネットワーク型のデジタルガバナンスはまだ不確定である．たとえばエストニア政府が2017年1月から2019年3月にかけて実施した公共部門改革計画の原則は，公共部門の均衡（地域間の開発の均衡と，中央政府と地方間の均衡のとれたサービス展開），効率性とオープン性であるが，現状ではエストニア政府でもDXの

中心はまだ効率化であり，50件のDX案件のうち効率化が30件，均衡と
オープン性がそれぞれ10件である．

　いずれにしろ，意思決定方法（集中か分散か），予算管理方法（厳格か寛
大か），統制主体（政府機関か議会・地方自治体か），デジタル化のゴール
（効率性，オープン性，均衡性のいずれか）などに応じて，組織の現状を踏
まえて統制体制と統制活動を段階的に進化させながらデジタルガバナンス
を構成していく必要がある．

第10章
マイクロサービス

　本章では，一枚岩のようなモノリシック(mono-lithic)システム（モノリス）を相互連携する独立なサービスに分解するために用いられるマイクロサービスを紹介する．マイクロサービスは老朽サービスをDXする手段として注目されている．

　はじめに，モノリスの問題点を説明する．次に，マイクロサービスの基本概念を説明する．また，アーキテクチャの観点からモノリスとマイクロサービスを比較する．さらに，マイクロサービスの設計法とモノリスからマイクロサービスへの移行手法を紹介する．最後に，マイクロサービスを構築する上での課題を明らかにする．

10.1　モノリスの問題点

モノリスの定義は以下の通りである[1].

【定義】モノリス(monolith)

構成要素が独立に実行できないアプリケーションがモノリスである.

　モノリスは，初期段階では規模が小さくても時間経過とともに大規模複雑化し，管理のための負荷も増大する．このような大規模複雑化したモノリスは以下のような問題を抱え，開発者にとっては地獄になるという[1].

複雑性が開発者を脅迫する

　巨大なモノリスの全体を理解するのは難しい．したがって不十分な理解に基づいてコードを修正するため，修正誤りが発生する．これを修正していくことでコードがさらに複雑化し，さらに理解が難しくなり，最終的にブラックボックス化する.

開発が遅延する

　大規模なモノリスの開発作業は開発環境に与える負荷が大きく，コードの修正，実行版構築，実行，試験という一連の作業時間が長くなり，生産性が低下する.

変更を展開するのに時間と労力がかかる

　異なる部分を同時に修正しようとするとコードの一貫性が失われるので，修正するコードの断片を切り出す必要があり，修正後のコード断片の統合作業にも時間がかかる．また，モノリス全体をテストする必要があるためテスト作業時間も長くなる．さらに，複数の修正を統合しているのでテストで欠陥が発生した場合に原因箇所を特定することが難しい.

規模の拡張が難しい

　モノリスには異なる特性を持つアプリケーションが含まれている．たとえば，大規模なメモリ資源を必要とするデータベースサーバと多数のCPU資源を必要とする計算サーバが混在するため，利用者数の増大に伴ってモノリスで適用規模を拡大しようとするとサーバ構成が難しくなる.

信頼性の確保が難しい

モノリスは規模が大きいため，完全なテストは難しい．また，全体が1つのプロセスで動作するため欠陥を局所化できない．たとえば，1つのメモリ漏洩がモノリス全体を停止させる可能性がある．

時代遅れの技術を容易に移行できない

モノリスの一部だけを新しい技術で書き直すのは困難なので，新しい技術で全体を変更する必要がある．結果的に古い技術を継続して使い続けるしかない．

10.2　マイクロサービスの概要

（1）マイクロサービスの基本概念

以下では，Dragoniら[2]に従って，マイクロサービスの基本概念を説明する．マイクロサービスとマイクロサービスアーキテクチャの定義は，以下の通りである．

【定義】マイクロサービス

マイクロサービスは，メッセージによって相互作用する独立なプロセスである．

【定義】マイクロサービスアーキテクチャ

マイクロサービスアーキテクチャは，すべての構成要素がマイクロサービスであるような分散アプリケーションである．

マイクロサービスアーキテクチャは，メッセージ交換によって相互作用する分散アプリケーションを独立性の高い構成要素に分解するためのガイドラインである．図10-1に，Richardson[1]に従ってマイクロサービスアーキテクチャのメタモデル示す．

マイクロサービスはビジネスケイパビリティに対応し，ビジネスロジック，内部データ，ポート，アダプタからなる．ポートは，マイクロサービ

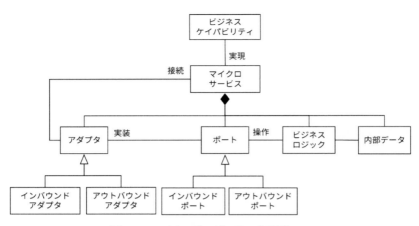

図 10-1　マイクロサービスのメタモデル [1]

スのビジネスロジックがどうのように相互作用するかを定義するための操作である．アダプタはポートを実装するサービスインタフェースで，マイクロサービスはアダプタを介して他のマイクロサービスと通信する．

　ポートにはインバウンドポートとアウトバウンドポートが，アダプタにはインバウンドアダプタとアウトバウンドアダプタがあり，インバウンドアダプタがインバウンドポートを，アウトバウンドアダプタがアウトバウンドポートをそれぞれ実装する．なお，インバウンドアダプタはマイクロサービスと通信するための API に対応する．

　以下に，マイクロサービスの特徴を示す．

小規模である

システムのアーキテクチャは開発組織の構造に強く依存するという信念に基づくため，マイクロサービスの規模は小さい．ビジネスケイパビリティごとにマイクロサービスを対応付けるのが基本である．これにより，マイクロサービスの粒度，保守性，拡張性を維持できるようになる．

コンテクストが限定されている

関連する機能を一つのビジネスケイパビリティとして統合することで，マイクロサービスの独立性を実現できる．

独立性が高い

マイクロサービスは，独立に操作できる公開されたインタフェースによって相互作用する．

柔軟である

常に変化するビジネス環境に対応でき，市場競争力を組織が維持するための修正を支援できる．

モジュール性が高い

独立な複数のコンポーネントからシステムを構成し，各コンポーネントがシステム全体の振る舞いに貢献できる．

発展性がある

定常的な修正や機能追加に対して，システムが保守可能な状態にある．

拡張性がある

サービスの独立性が高いので，機能分割と冗長化によって性能に応じた拡張が容易である．

（2）マイクロサービスの利点

Richardson[1]は，マイクロサービスの利点として以下を挙げている．

継続的展開

　マイクロサービスが継続的に展開できる理由は，①独立にテストできること，②独立に展開できること，③開発チームがマイクロサービスを自律的に作業できること，である．このため，マイクロサービスでは DevOps 組織を構成しやすい．したがってマイクロサービスでは，顧客ニーズに応じてシステムを迅速に変更できるだけでなく開発者が必要な機能の開発だけに専念でき，モノリスのようにシステム全体にわたる依存関係に起因する問題の探索と解消のような無駄な作業がないので，開発者の満足度も向上する．

保守性

　マイクロサービスの規模は小さいので，理解しやすく保守が容易である．小規模なコードは開発環境の速度低下を引き起こすことはないので，開発者の生産性が向上する．したがって機能の追加変更が容易であり，保守性が向上する．

拡張性

　拡張性を高める手法には，①同一サービスを多数用意する冗長化，②異なる機能ごとにサービスを分ける機能分解，③値の範囲でデータを分割しておき，分割ごとに同一のサービスを用意するデータ分割がある．データ分割は冗長化の方法の一種である．マイクロサービスでは，ビジネスケイパビリティに即したサービスを作成することにより機能分解を実現できる．同一サービスを冗長化した場合，負荷バランサによって冗長化されたサービスの実態にサービス要求を振り分けることになる．

欠陥の隔離

　マイクロサービスは独立性が高いので，マイクロサービスの内部で発生した欠陥が他のマイクロサービスに影響する可能性が低く，他のマイクロサービスでは実行を継続できる．これに対してモノリスでは，内部で発生した欠陥がシステム全体の停止につながる可能性が高い．

新技術の受容性

　マイクロサービスは独立性が高いので，個別に最新技術を導入できる．また，規模が小さいことからマイクロサービス自体を最新技術で書き直すことも容易である．もし最新技術の導入が失敗しても，独立しているので全体に影響が波及しない．

　なお，マイクロサービスの開発では，ビジネスケイパビリティに基づく横断的なチームを組織する必要がある．言い換えると，サービスを利用する者がサービスを開発運用するということである．マイクロサービスと開発チームが対応付けられていると，担当するマイクロサービスを開発チームが迅速に変更できる．

（3）モノリスとマイクロサービスの比較

　表10-1にモノリスアーキテクチャとマイクロサービスアーキテクチャの比較をまとめる[3]．

表 10-1　アーキテクチャの比較 [3]

項目	モノリスアーキテクチャ	マイクロサービスアーキテクチャ
規模	大きい	小さい
独立性	低い	高い
結合性	大きなコンポーネントが多様な方法で密結合される	独立性の高い小規模コンポーネント 直接統合することなく，疎結合する
共有性	高い．多くの個別的な共有コンポーネントがある	低い．単一の共有コンポーネントで，メッセージ，ログ，ヘルスチェックなどの標準フォーマットを提供
展開性	コンポーネントが密結合しており，個別的な展開が困難	他のコンポーネントに影響することなく，コンポーネントを単純に個別展開
通信	データベースや通信ポートなどのアクセス条件が複雑で，相互に直接呼び出すため，コンポーネントが密結合している	マイクロサービスでは，メッセージングで統合する．マイクロサービスが相互に内部を直接呼び出さない． 内部の詳細を開発チームが独自に決定できる
公開性	API のオープン化が困難	データベースや通信ポートなどの基盤全体でオープンな API を実現

10.3　マイクロサービスアーキテクチャの設計法

　Richardson[1]は，マイクロサービスを外部からのリクエストを表すシステム操作とアプリケーションを構成するサービスに分類し，それぞれを機能要求とビジネスケイパビリティから作成する方法を提案している．以下にその手法を示す．

手順１：重要クラスを識別する
　まずビジネスシナリオの名詞に着目して重要なクラスを識別し，高水準のドメインモデルを作成する．次いで，アプリケーションが扱うリクエストに基づいてシステム操作を定義する．システム操作の定義では，アクタ，シナリオ，操作，返却項目，事前条件，事後条件を明らかにする．

手順２：アプリケーションサービスを識別する

　組織の目的，構造，ビジネスプロセスを分析し，組織が実施する不変的な業務をビジネスケイパビリティとして定義した上で，以下の規則に従ってサービスを対応付ける．なお，ビジネスケイパビリティは下位のビジネスケイパビリティに分解されることもある．

[規則1] 上位のケイパビリティに異質な下位のケイパビリティが含まれる場合，下位のケイパビリティを異なるサービスに対応付ける．

[規則2] 上位のケイパビリティに，緊密に関係する異なるケイパビリティが含まれる場合，これらのケイパビリティを1つのサービスに対応付ける．

[規則3] 類似するケイパビリティが上位のケイパビリティに含まれる場合，これらのケイパビリティを統合して1つのサービスに対応付ける．

[規則4] 異なるビジネスケイパビリティを変更する際に，変更されるケイパビリティに対応しないサービスが変更されないように対応付ける．

[規則5] ビジネスケイパビリティの類似する変更に対しては特定のサービスを変更することとし，異なるサービスを変更しないように対応付ける．

手順3：アプリケーションサービスAPIをドメインモデルに従って決定する

　マイクロサービスAPIには，イベントとオペレーションがある．まず，システムオペレーションごとにマイクロサービスを割り当てる．次に，マイクロサービスがシステムオペレーションを実現するために他のマイクロサービスと連携する必要があるかどうかを判断し，必要に応じて連携マイクロサービスが提供するAPIを決定する．ここで，システムオペレーションを実現するために必要な連携マイクロサービスをコラボレータという．

　マイクロサービスはコラボレータを連携する前にイベントを発行する．またイベントを用いて外部クライアントにも通知する．

　マイクロサービスAPIの構成を図10-2に示す．

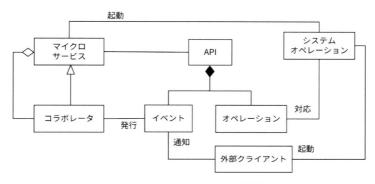

図10-2 マイクロサービスAPIの構成[1]

10.4　マイクロサービス移行手法

　本節では，いくつかのマイクロサービスへの移行手法を紹介する．Knoche
は，表10-2に示すように，モノリスアプリケーションの性能に着目して段
階的なマイクロサービスへ移行する手法を提案している[4,5]．

表10-2　段階的なモノリスアプリケーションの移行手順

手順	作業項目	入力	出力
1	シナリオの理解	モノリスアプリケーション（モノリス・インクリメント）	利用シナリオ，負荷プロファイル，性能制約
2	ハイブリッド分析	モノリスアプリケーション	アプリケーション構造実行トレース
3	モダナイゼーションパスの仕様化	アプリケーション構造実行トレース性能シミュレーション結果制約逸脱	モダナイゼーションパス代替案
4	将来状態モデルを作成	モダナイゼーションパス代替案	アプリケーション構造モデル
5	性能モデルを作成	アプリケーション構造モデル	性能モデル
6	性能シミュレーション	性能モデル，利用シナリオ，負荷プロファイル，性能制約	性能シミュレーション結果
7	シミュレーション結果を分析	性能シミュレーション結果	性能シミュレーションの統合結果，性能逸脱
8	実装とマージ	モノリスアプリケーション性能シミュレーションの統合結果，性能逸脱	モノリス・インクリメント

　Knocheら[5]は，マイクロサービスインタフェースを模倣するアダプタ
を作成することにより，段階的にマイクロサービスアーキテクチャに移行
する方法を提案している（表10-3）．Levcovitzら[6]は，表10-4に示す，3
階層モノリスをマイクロサービスに移行するための移行プロセスを提案し
ている．

表10-3　サービスインタフェースに基づく段階的な移行手法

手順	説明	入力	出力
1	クライアントシステムで必要となる機能をサービスオペレーションとして提供する外部サービスファサードを定義する.	ターゲットのドメイン指向サービスの定義エントリポイント	外部サービスファサードエントリポイントのサービスオペレーションによる移行情報アダプタ候補情報
2	サービスファサードを実装する	既存アプリケーションアダプタ候補	テスト済みのサービスファサード
3	外部ファサードインタフェースを作成してクライアントをサービスファサードに移行する	実装済みサービスオペレーションクライアント・アプリケーション	エントリポイントからサービスオペレーションへの置換法を記述した移行文書サービスに移行したクライアント
4	アプリケーション内部を再構成して内部サービスファサードを作成する	アプリケーション内部コンポーネントの機能分析コンポーネント依存関係	内部サービスファサード
5	アプリケーションの実装をマイクロサービスに移行する	サービスファサードの実装	サービスファサードを置換したマイクロサービス

表10-4　マイクロサービス移行プロセス

	説明	入力	出力
1	ビジネス領域，データベーステーブル，サブシステムを対応付ける	クライアント，機能サーバ，データベースから構成される3階層モノリスシステム	データベース分解
2	ファサード，ビジネス機能，テーブルをノードとする依存グラフを作成する	ファサード，ビジネス機能，テーブルとその依存関係	依存グラフ
3	ファサードとテーブルの組を識別する.	依存グラフ	ファサードテーブル関係
4	サブシステムごとにファサードテーブル関係を選択する	データベース分解ファサードテーブル関係	サブシステムごとのファサードテーブル関係
5	マイクロサービスに移行する候補を識別する	サブシステムごとのファサードテーブル関係	名前，目的，入出力，機能，データを記述するマイクロサービス候補仕様
6	クライアントからマイクロサービスを利用するためにクライアント層とサーバ層の中間に配置されるAPIゲートウェイを作成する	3階層モノリスクライアントとファサードの関係マイクロサービス仕様	APIゲートウェイ

　Dragoniら[7]は，ビジネス駆動アウトサイドイン手法として，以下に示す基幹系システムのマイクロサービスへの移行プロセスを提案している.

手順1：ステークホルダの要求に基づくビジネス駆動アウトサイドインアプローチにより，ステークホルダとの対話の中で抽出した注文に従ってマイクロサービスに移行する．

手順2：ビジネスの優先順位に応じて，ビジネス機能の定義を会話に基づいて反復的に追加していく．ビジネス機能を分離できた場合，①十分な規模があるか，②他のビジネス機能から利用されるかを調べ，もし，この2条件が満たされたら，このビジネス機能をマイクロサービスとして抽出する．マイクロサービスが単一のビジネス機能として分離されるまでは，上位のビジネス機能に対応付けられたマイクロサービスの中に含まれることになる．このため，マイクロサービスの定義はビジネス機能の分析に依存して反復的になる．

　この手法は，Danske銀行FXコアのマイクロサービス移行に適用されている[8]．FXコアの移行では，ビジネス機能ごとにマイクロサービスを設計・実装した．また，FXトレーダと対話し，①独立性が高く十分大きい機能，②多くのビジネス機能と共有される機能，③段階的な機能分解が可能，の3つの新サービスの必要性を判断した．メインフレームについては，重要情報を維持するためにマイクロサービスアーキテクチャと接続しておき，将来的にマイクロサービスとして開発する計画である．
　この結果，すべてを再実装する危険を回避でき，移行チームを老朽システムから隔離することができた．

10.5　マイクロサービスの課題

　本節では，マイクロサービスの課題を説明する．マイクロサービスの必要性が認識されるのは，モノリスの複雑性に対応できなくなったときである．たとえばeBay, Amazon, Groupon, Giltは，このような複雑性の問題に直面してモノリスからマイクロサービスに移行している．そこで，複

雑なモノリスをマイクロサービスに分解して再構成する方法が必要となる.

Richardson[1]によれば,システムを適切にマイクロサービスに分解するためには,マイクロサービスの設計法が必要である.不適切なマイクロサービスアーキテクチャでは相互作用が複雑化して密結合になってしまうため,マイクロサービスの独立性が失われるからである.

マイクロサービスにはメッセージによるプロセス間通信が必要であるため,通信の遅れや断絶などを前提にした開発,テスト,展開が必要である.また,複数のマイクロサービスに渡る機能を展開するには,異なるマイクロサービス開発チーム間で注意深く調整を行わなければならない.なお,モノリスからマイクロサービスアーキテクチャに移行する際には,システムのリファクタリングが必要になる.

Taibi ら[8]はマイクロサービスの留意点を Bad Smell Catalog として整理し,その過程で得られた知見には以下があるとしている.

①開発者がこの Bad Smell Catalog を参照することで,マイクロサービスで発生する問題を事前に回避すべきである.

②マイクロサービスの知識に基づいて,アーキテクチャ判断する必要がある.

③モノリスのマイクロサービス分解では,独立なビジネスプロセスを識別すべきである.

④マイクロサービス間の接続では注意深い分析が必要である.

⑤一般規則として,マイクロサービスの変更が他のマイクロサービスに影響する場合や他のマイクロサービス内部知識が必要になる場合には,開発者に注意を促す必要がある.

マイクロサービスを構築する上で注意すべき問題が発生する危険な兆候(Bad Smells)として,構造と接続インタフェースの課題がある.表10-5に示すように,Taibi らは開発者にインタビューした結果に基づいて留意点を報告している。また,表10-6に,マイクロサービス接続の留意点を示す.

表10-5　マイクロサービス構造の留意点

構造の留意点	説明	問題	対策
データ依存性	マイクロサービスが他のマイクロサービスの局所データを操作する	他のマイクロサービスの局所データを操作すると，結合性が高くなり誤操作が発生する	局所データを操作するマイクロサービスの統合を検討する
個別性	チームが独自に個別的で限定用途のマイクロサービスを作成している	マイクロサービスの数が膨大になり保守が困難になる	マイクロサービスの必要性を熟慮する
共有性	異なるマイクロサービスがライブラリを共有する	マイクロサービスの結合度が高くなると修正時の同期作業が増加する	共有ライブラリから共通に参照できるマイクロサービスを抽出して，独立に利用する
同期性	異なるマイクロサービスが同じ関係データベースのテーブルを同時参照する	マイクロサービスの独立性が低下する	マイクロサービスごとに異なるデータベースを用意する データベースは共有して，マイクロサービスごとに異なるテーブルを用意する
多階層性	マイクロサービスがビジネスケイパビリティに対応せず，複数の層に分散する要素から構成されている	不都合に関心事が分離されるため，複雑性が増加する.	ビジネスケイパビリティに基づき，ビジネスプロセスと資源を明確に分析する

表10-6　マイクロサービス接続の留意点

接続の留意点	説明	問題	対策
APIの版	APIに意味的一貫性が欠落している	一貫性のない版名では，データやその操作に誤解が生じる	版の意味に一貫性を持たせて適切な版についての誤解を排除する
循環性	マイクロサービス間に循環呼び出しがある	相互循環関係にあるマイクロサービスは独立に維持管理できず再利用が難しい	APIゲートウェイパターンを用いて循環性を改善する
ESBの使用	enterprise service bus (ESB) を使用する	ESBによりマイクロサービスの登録操作で複雑性が増加する	メッセージバスにより複雑性を削減する
通信ポートの直接参照	マイクロサービスの相互接続でIPアドレスや通信ポートを直接参照する	マイクロサービスの配置場所が変更されたときに問題が発生する	サービス発見サービスを採用する
直接通信	マイクロサービス間で相互に直接通信する	相互接続するマイクロサービスが増加すると，維持管理問題が発生する	APIゲートウェイパターンでマイクロサービス間通信の複雑性を低減する

付録A

DXに向けた
EAFの比較指標

DXの観点からEAFの適応能力を比較することができる．本付録では，まずDXに向けたEAFが持つべき能力を比較項目として定義する．次いで比較対象とするEAFを説明する．さらに，比較項目に基づくEAFの客観的な評価結果を示す．

A.1　DXのための比較項目

　DXの観点から適応型EAFを比較するために，モデル，能力，プロセス，ガバナンス，エコシステムの5つの分類項目を抽出した．このうち，モデル，能力，プロセスは，EAで共通に必要となる基本項目である．デジタル企業では，ビジネス変化および技術環境変化に適応する必要があるため，デジタルビジネスエコシステムへの適応性を評価するためにエコシステムを追加した．また，技術環境変化への適応性を評価するためにガバナンスを追加した．

　具体的に比較するために，これらの分類項目ごとに5つの概念要素を以下のように定義した．

（1）モデル

　モデルの比較項目として，以下を採用した．

参照アーキテクチャ

　DEA を効率的に開発するために必要な概念．

コンティニューム

　複数のアーキテクチャを一般性の高いアーキテクチャから具体的なアーキテクチャに順序付けて体系付けて管理するリポジトリ．通常は，分野独立アーキテクチャ，分野共通アーキテクチャ，産業別アーキテクチャ，企業別アーキテクチャの方向に従って具体化される．

アーキテクチャメタモデル

　アーキテクチャが共通に従うべき規則を定義するための概念で，不適切なアーキテクチャを除外するために必要である．アーキテクチャで必要な要素を予め定義しているので，アーキテクチャメタモデルにより適切なアーキテクチャを効率的に作成できる．

アーキテクチャ記述言語

　アーキテクチャを記述するための言語．

アジャイルアーキテクチャ

アーキテクチャを迅速に開発するために特化した参照アーキテクチャ．DXでは迅速にアーキテクチャを開発する必要があるためにアジャイルアーキテクチャが重要である．

（2）能力

能力の比較項目として，以下を採用した．

ケイパビリティフレームワーク

アーキテクチャ機能を提供するために必要となる能力要素の全体像を定義する手法．

ケイパビリティマップ

ステークホルダにとって価値のあるビジネス能力を識別する手法．

ケイパビリティベース計画

ビジネス価値を実現するために必要な能力に従って資源計画を策定する手法．

ケイパビリティインクリメント

ビジネス価値を生むアーキテクチャの離散的な構成要素．迅速かつ継続的にビジネス価値を実現するためには，ケイパビリティインクリメントへの対応が必要である．

ケイパビリティ成熟度モデル

組織が必要とする変化に対する適応能力を段階的に獲得するためのモデル．

（3）プロセス

プロセスの比較項目として，以下を採用した．

変更管理

アーキテクチャ変更を管理する活動．

テーラリング

アーキテクチャ用語，成果物，開発プロセスを状況に応じて変更する活動.

意思決定管理

アーキテクチャ開発手法を状況に応じて変更する上で必要となる判断を管理する.

変化点管理

変化するアーキテクチャ構成要素の可能性を予め定義して管理する活動.

フォーラム

新たな状況に応じてアーキテクチャを拡張するために必要となるオープンな協議の場を提供する活動.

（4）ガバナンス

ガバナンスの比較項目として，以下を採用した.

アーキテクチャ原則

組織が目的を達成するためにアーキテクチャが満たすべき一般規則.

一貫性管理

アーキテクチャ要素が互いに矛盾しないことを管理する活動.

リスク管理

DX を遂行する上で発生するアーキテクチャの問題を解消する活動.

コンプライアンス

アーキテクチャが要求を遵守していることを確認する活動.

ガバナンスフレームワーク

説明責任を遂行すべき定義されたアーキテクチャ活動の全体像を定義する枠組み.

（5）エコシステム

エコシステムの比較項目として，以下を採用した．

サービス指向

多様なパートナーのアーキテクチャをサービスに基づいて接続する必要がある．

ビジネス変革

デジタルビジネスエコシステムを実現するためにビジネス変革への対応が必要である．

相互運用性

デジタルビジネスエコシステムを実現するために相互運用性が必要である．

標準化

デジタルビジネスエコシステムを実現するために標準化が必要である．

DevOps

アーキテクチャ開発と運用を円滑に結合するためにエコシステムが提供すべきである．

A.2 比較対象

DXのためのEAフレームワークを比較するために，適応型EAフレームワークとして，ACEA，ESARC，TOGAFを比較する．それぞれの特徴は以下の通りである．

（1）ACEA

GillはACEA(Adaptive Cloud Enterprise Architecture)を提案し，AESS (Adaptive Enterprise Service System)メタモデルを定義している[1]．AESSには3つのレベルの適応型サービス，適応型サービスシステム，

および適応型エンタープライズサービスシステムがある．適応型エンタープライズサービスシステムは適応型サービスシステムから構成され，適応型サービスシステムは適応型サービスから構成されるという関係がある．また，AESSライフサイクル管理機能には，適応機能，定義機能，運用機能，管理機能，および支援機能がある．

ACEAでは，表現言語としてEAモデリング言語であるArchiMateを推奨している．また，ACEAの適応能力成熟度モデル(ACMM, Architecture Capability Maturity Mode)には，幼児期，初期，移行期，定義完了期，管理完了期，適応期の6段階がある．

（2）ESARC

ESARC(Enterprise Services Architecture Reference Cube)[2-4]は，Zimmermanによって提案されたDEAのための参照アーキテクチャである．ESARCには，①アーキテクチャマネジメントの次元，②アーキテクチャガバナンスの次元，③テクノロジーアーキテクチャとオペレーションアーキテクチャの次元がある．

アーキテクチャマネジメントでは，情報システムアーキテクチャとセキュリティアーキテクチャを管理する．アーキテクチャガバナンスでは，ビジネス情報アーキテクチャとクラウドサービスアーキテクチャを扱う．

（3）TOGAF

TOGAF(The Open Group Architecture Framework)[5]は，オープングループ(The Open Group)が標準化しているアーキテクチャフレームワークで，アーキテクチャ開発手法，ガイドライン，アーキテクチャコンテンツフレームワーク，成果物の分類体系，参照モデル，ケイパビリティフレームワークなどを規定している．また，TOGAF知識を習得したことを認証する制度が設けられている．

A.3 比較評価

適応型EAFの比較では，上述した概念要素項目の実現水準を5段階で評価する（表A-1）

表A-1 実現水準

水準	説明
4	概念の理解度が定量的に評価されている
3	概念がガイドされている
2	概念を適用した事例が記述されている
1	概念が記述されている
0	概念の記述がない

以下では，この実現水準を用いて，適応型EAFを比較しよう．

（1）ACEA

モデル

参照アーキテクチャとアーキテクチャメタモデル，アジャイルアーキテクチャについてガイダンスしているが，コンティニュームとアーキテクチャ記述言語については触れていない．

能力

ケイパビリティフレームワーク，ケイパビリティインクリメント，ケイパビリティ成熟度モデルについてガイダンスしているが，ケイパビリティマップ，ケイパビリティベース計画については触れていない．

プロセス

変更管理，テーラリング，意思決定管理，変化点管理についてガイダンスしているが，フォーラムについては触れていない．

ガバナンス

アーキテクチャ原則，一貫性管理，リスク管理，コンプライアンス，ガバナンスフレームワークについてガイダンスしている．

エコシステム

　サービス指向，ビジネス変革，相互運用性，標準化，DevOps についてガイダンスしている．

(2) ESARC

モデル

　参照アーキテクチャとアーキテクチャメタモデルについてガイダンスし，アーキテクチャ記述言語とアジャイルアーキテクチャについて記述している．しかし，コンティニュームには触れていない．

能力

　ケイパビリティフレームワークを説明しているが，ケイパビリティマップ，ケイパビリティベース計画，ケイパビリティインクリメント，ケイパビリティ成熟度モデルには触れていない．

プロセス

　意思決定管理をガイダンスしているが，変更管理，テーラリング，変化点管理，フォーラムには触れていない．

ガバナンス

　コンプライアンス，ガバナンスフレームワークをガイダンスしているが，アーキテクチャ原則，一貫性管理，リスク管理には触れていない．

エコシステム

　サービス指向，ビジネス変革，標準化についてガイダンスし，DevOps を説明している．しかし，相互運用性には触れていない．

（3）TOGAF

モデル

参照アーキテクチャ，コンティニューム，アーキテクチャ記述言語を認証している．また，アーキテクチャメタモデルとアジャイルアーキテクチャについてのガイダンスを提供している．

能力

ケイパビリティフレームワーク，ケイパビリティベース計画，ケイパビリティインクリメントを認証している．また，ケイパビリティマップ，ケイパビリティ成熟度モデルのガイダンスを提供している．

プロセス

変更管理知識を認証している．テーラリング，意思決定管理のガイダンスを提供している．また，フォーラムの事例があり，変化点管理について説明している．

ガバナンス

アーキテクチャ原則，一貫性管理，リスク管理，コンプライアンスについての知識を認証している．また，ガバナンスフレームワークのガイダンスを提供している．

エコシステム

サービス指向，相互運用性，標準化についてのガイダンスを提供している．また，ビジネス変革とDevOpsについての知識を認証している．

A.4　比較結果

表A-1の実現水準に基づいて，適応型EAFを比較した結果を表A-2に示す．総合点で比較するとTOGAFが最も適応性の高いEAFで，次いでACEAの適応性が高い結果となった．ESARCはTOGAFとACEAにすべての適応概念分類で劣っている．とくに適応能力については，ESARCには見るべき概念がない．ESARCは，適応ガバナンスと適応型エコシステ

ムに特徴がある．図A-1に，レーダーチャートによる比較結果を示す．

表 A-2　適応型 EAF の比較

概念分類	要素項目	ACEA	ESARC	TOGAF
モデル	参照アーキテクチャ	3	3	4
	コンティニュウム	0	0	4
	メタモデル	3	3	3
	アーキテクチャ記述言語	0	1	4
	アジャイルアーキテクチャ	3	1	3
能力	ケイパビリティフレームワーク	3	1	4
	ケイパビリティマップ	0	0	3
	ケイパビリティベース計画	0	0	4
	ケイパビリティインクリメント	3	0	4
	ケイパビリティ成熟度モデル	3	0	3
プロセス	変更管理	3	0	4
	テーラリング	3	0	3
	意思決定管理	3	3	3
	変化点管理	3	0	1
	フォーラム	0	0	2
ガバナンス	アーキテクチャ原則	3	0	4
	一貫性管理	3	0	4
	リスク管理	3	0	4
	コンプライアンス	3	3	4
	ガバナンスフレームワーク	3	3	3
エコシステム	サービス指向	3	3	3
	ビジネス変革	3	3	4
	相互運用性	3	0	3
	標準化	3	3	3
	DevOps	3	1	4
	合計	60	28	85

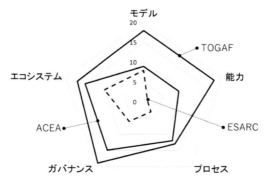

図 A-1　適応型 EAF の比較

　本付録では5つの概念項目に基づいて適応型EAFを比較したが，比較項目が変われば評価結果も変化することに注意する．また，それぞれが持つ適応性概念の集合には過不足があり，具体的な内容が異なるので，これらの適応型EAFの共通性と差異を分析することにより統合化できる可能性がある．

付録B

ArchiMate入門

ArchiMateはEAをモデル化するための図式言語である[1]. 本付録では，まずArchiMateの言語要素の範囲について説明する．次いで問題分析表とアスペクト分析表について説明する．さらに，例題でArchiMateによる図式の作成例を示す．

B.1 ArchiMate

ArchiMate にはアーキテクチャ階層とアスペクト層がある．アーキテクチャ階層は，TOGAFのアーキテクチャ階層である戦略アーキテクチャ，ビジネスアーキテクチャ，アプリケーションアーキテクチャ，テクノロジーアーキテクチャ，物理アーキテクチャ，実装移行アーキテクチャから構成されている．アスペクト層には，受動構造層，振る舞い層，能動構造層，動機（モチベーション）層がある．自然言語と対応付けて説明すれば，受動構造は目的語，振舞層は動詞，能動構造層は主語に相当する．動機層は理由を説明する．

表 B-1 ArchiMate 要素の構成 [1]

アーキテクチャ階層	アスペクト層			
	振舞層	受動構造層	能動構造層	動機層
戦略アーキテクチャ	行動計画 バリューストリーム ケイパビリティ	リソース		ステークホルダ ドライバ アセスメント ゴール 成果 プリンシプル 要件 制約 意味 価値
ビジネスアーキテクチャ	プロセス ファンクション 相互作用 イベント サービス	オブジェクト 契約 表現 製品	アクタ ロール コラボレーション インタフェース	
アプリケーションアーキテクチャ	プロセス ファンクション 相互作用 イベント サービス	データオブジェクト	コンポーネント コラボレーション インタフェース 相互作用	
テクノロジーアーキテクチャ	プロセス ファンクション 相互作用 イベント サービス	アーティファクト	ノード デバイス システムソフトウェア コラボレーション インタフェース パス ネットワーク	
物理アーキテクチャ		マテリアル	設備 施設 物流ネットワーク	
実装移行アーキテクチャ	ワークパッケージ 実装イベント	デリバラブル プラトー		

ArchiMate要素の構成を表B-1に示す．行はアーキテクチャ階層，列はアスペクト層を示している．例えば，戦略アーキテクチャ層の振舞層の要素には行動計画とケイパビリティが，戦略アーキテクチャ層の受動構造層の要素にはリソースがある．

B.2 問題分析表

問題を分析するために必要な要素を整理した表が問題分析表で，ステークホルダ，関心事，問題状況，原因分析，あるべき姿，解決策，問題解決手順，解決策の実現とその関係を明らかにする．これらの概念がArchiMateのアクタ（またはステークホルダ），価値，ドライバー，アセスメント，ゴール，要求，プロセス，サービスに対応する（表B-2）．

表B-2　問題分析表とArchiMate要素

問題分析要素	ArchiMate 要素	図形
ステークホルダ	アクタ	
関心事	価値	
問題状況	ドライバー	
原因分析	アセスメント	
あるべき姿	ゴール	
解決策	要求	
問題解決手順	プロセス	
解決策の実現	サービス	

　例として，通信サービス事業者の問題分析結果を表B-3に，これに基づく問題分析図を図B-1に示す．

表 B-3　　問題分析表

問題分析要素	内容
ステークホルダ	通信事業者
関心事	通信サービスの運用プロセスの効率化
問題状況	顧客応対と障害対応の増加のため，運用プロセスの自動化が必要になった
原因分析	接続回線品質の測定，品質測定結果と顧客データとの照合，検査文書作成が人手作業のため，効率的ではない
あるべき姿	自動化されたサービス運用プロセス
解決策	顧客の接続回線品質の測定をRPAで自動化，回線品質測定結果を顧客データと照合して検査文書を自動作成
問題解決手順	人手による回線品質検査作業を定式化することにより，回線品質検査作業，顧客回線データとの照合，検査報告書作成をRPAにより自動化
解決策の実現	RPAによる回線品質測定報告サービス

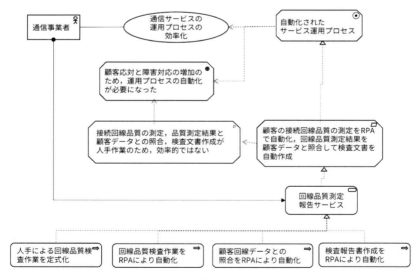

図 B-1　　問題分析図の例

B.3　アスペクト分析表

　アスペクトは，ArciMateの階層を通じてEAを統一的に分析するための概念である．したがって各階層のアーキテクチャを適切に分析するためには，まずアスペクトを理解して整理する必要がある．アスペクトには能動構造，振舞構造，受動構造があり，動作の主体となる組織やシステムは能動的構造要素，機能やプロセスは振る舞い要素，データは受動的構造要素である．

　アスペクトには自然言語の品詞が対応する．能動構造要素は主語，振舞要素は動詞，受動構造要素は目的語であるが，目的語には主語である能動構造要素や，価値や理由を示す動機要素が対応することもある．たとえば，顧客は能動構造要素だが目的語になることがある．同じように，安全性は価値を表す動機要素だが目的語になることもある．

　アスペクトを識別するために，表B-4に示すアスペクト分析表を用意した．アーキテクチャ階層ごとに，能動構造要素欄と受動構造要素欄に名詞，振舞要素欄に動詞を記入する．

表B-4　アスペクト分析表

階層	能動構造要素	振舞要素	受動構造要素
ビジネスアーキテクチャ（BA）			
アプリケーションアーキテクチャ（AA）			
テクノロジーアーキテクチャ（TA）			

以下に，運転診断サービスのアスペクト分析の例を示す．

[運転診断サービス]

運転診断サービスでは，クラウドを用いて車の走行情報を分析することにより，ドライバーの安全運転を支援する．
車の走行距離，急減速回数，アイドリング時間，走行速度，加速時間など，あらゆる走行情報をスマホで集める．車が停止すると，走行情報をスマホアプリがクラウドサーバーに送信する．
走行情報がクラウドサーバーに送信されると，クラウドサーバー上の運転診断サービスによって分析され，運転診断レポートがスマホを通じてドライバーに提供される．

　上記の文章に対して，主語，動詞，目的語を識別する．なお，主語に対応する単語は，目的語としても出現することを注意しておく．この品詞分析の結果を表B-5にまとめる．

主語：＿＿＿＿，動詞：＿＿＿＿，目的語：＿＿＿＿＿（データ），目的語：＿＿＿＿（価値）

運転診断サービスでは，クラウドを用いて車の走行情報を分析することにより，ドライバーの安全運転を支援する．
車の走行距離，急減速回数，アイドリング時間，走行速度，加速時間など，あらゆる走行情報をスマホで集める．車が停止すると，走行情報をスマホアプリがクラウドサーバーに送信する．
走行情報がクラウドサーバーに送信されると，クラウドサーバー上の運転診断サービスによって分析され，運転診断レポートがスマホを通じてドライバーに提供される．

表 B-5　　品詞分析表

主語	振舞要素（動詞）	受動構造 / 動機要素（目的語）
運転診断サービス	分析する	車の走行情報
運転診断サービス	支援する	ドライバー / 安全運転
	送信される	走行情報，クラウド，クラウドサーバー
スマホ，スマホアプリ	集める	走行情報
スマホアプリ	送信する	走行情報，クラウドサーバー
ドライバー	提供される	運転診断レポート，スマホ

　品詞分析表を参照し，アーキテクチャ階層に基づくアスペクト分析表を作成する．ここで，アプリケーションアーキテクチャ層でスマホアプリと

クラウドによる分散処理を考慮して，コンポーネント間の通信ならびに機能と情報の重複が必要になったことに注意しておく．また，テクノロジーアーキテクチャについてはスマホとクラウドの通信のためにモバイルNWを追加した．なお，テクノロジーアーキテクチャではスマホとクラウドの内部について具体化していない．運転診断サービスのアスペクト分析表を表B-6に示し，表B-6から作成したArchiMate図の例を図B-2に示す．また，図B-2で使用したArchiMateの図式要素を表B-7にまとめる．

表B-6　運転診断サービスのアスペクト分析表

階層	能動構造要素	振舞要素	受動構造/動機要素
ビジネスアーキテクチャ (BA)	運転者運転診断サービス	走行情報収集，走行情報分析，運転診断レポート確認	走行情報，診断レポート/安全運転
アプリケーションアーキテクチャ (AA)	スマホコンポーネント	走行情報収集走行情報送信，診断レポート受信診断レポート提供	走行情報，診断レポート
	クラウドコンポーネント	走行情報分析運転診断レポート作成	走行情報，診断レポート
テクノロジーアーキテクチャ (TA)	スマホモバイルNWクラウドサーバー		

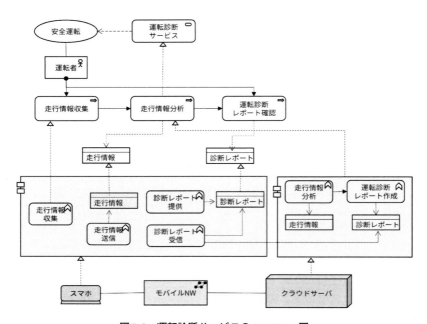

図 B-2　運転診断サービスの ArchiMate 図

表 B-7　ArchiMate の図式要素

図形	名称	説明
	価値	概念の価値や有用性、重要性を表す
	ビジネス サービス	ビジネスの活動主体が外部に提供する振舞を表す
	ビジネス アクタ	ビジネス活動を実施する主体を表す
	ビジネス プロセス	一連のビジネス活動の要素を表す
	ビジネス オブジェクト	ビジネスドメインで使われる概念対象を表す
	アプリケーション コンポーネント	アプリケーション機能とデータをカプセル化するモジュール化構造を表す
	アプリケーション 機能	アプリケーションコンポーネントが自動化する機能を表す
	アプリケーション オブジェクト	自動処理のためのデータ構造を表す
	デバイス	物理的な IT 資源を表す
	ノード	計算及び物理的な資源を表す
	通信ネットワーク	ノードを接続してデータを転送・交換する構造と振舞を表す

付録C
ビジネスモデル表記法の比較

5つの疑問文でビジネスモデル表記法の共通要素を整理することにより，ビジネスモデルを比較するための方法が提案されている[1]．本付録ではこの方法を解説するとともに，主なビジネスモデル表記法を具体的に比較する．

C.1　比較フレームワーク

表C-1に示すように，ビジネスモデル表記法の基本要素はビジネスモデルに関する質問によって整理できる[1].

表C-1　ビジネスモデル表記法の基本要素

疑問詞	基本要素
Who	提供者，パートナー，顧客
Why	関心事，ゴール，価値連鎖
Where	問題，原因，チャネル
What	資産，製品，情報
How	ビジネスプロセス，顧客関係，経費構造

これらの基本要素とビジネスゴール，ビジネスプロセス，ビジネス価値，ビジネスアーキテクチャのモデリングとの関係を図C-1に示す[2].

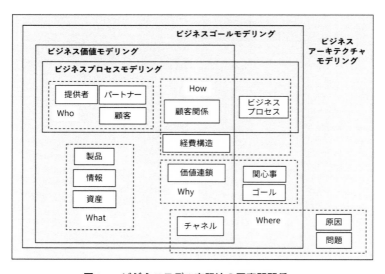

図C-1　ビジネスモデル表記法の要素間関係 [2]

C.2　主なビジネスモデル表記法の比較

　以下では，ビジネスモデル表記法としてBMC(Business Model Canvas)[3]，BSC(Balanced　　　　　Scorecard)[4]，GQM+Strategy[5]，Archi-Mateの基本要素を比較する．それぞれの特徴は以下の通りである．

BMC

　パートナー，資産，チャネル，コスト構造，バリューチェーン，ビジネスプロセス，目標，顧客関係，顧客セグメントを表現できるが，問題，原因，関心事，製品，および情報を表現できない．

BSC

　目標，コスト構造，ビジネスプロセス，顧客関係，顧客を表現でき，関心事，チャネル，提供者，パートナー，資産も間接的に表現できる．ただし，問題，原因，バリューチェーン，製品，情報を表現できない．

GQM+Strategy

　図式ノードを使用して，コスト構造，問題，関心事，提供者，パートナー，ビジネスプロセス，目標，顧客を表現できる．ただし，原因，資産，チャネル，バリューチェーン，顧客関係，製品，情報は表現できない．

ArchiMate

　問題，原因，提供者，パートナー，資産，チャネル，ビジネスプロセス，目標，顧客関係，製品，および情報を図式表現できる．また，関心事，コスト構造，およびバリューチェーンの視覚的なノードも提供できる．

　表C-2で，ビジネスモデル要素の図式表現の水準を定義する．

表C-2　表現水準

表現水準	説明
4	視覚的なアイコンで要素を区別して表現できる
3	図式ノードで要素を表現できる
2	ラベル（例：ステレオタイプ）で要素を識別できる
1	間接的に要素を記述できる
0	要素を表現する手段がない

　表C-3に，付表C-2の表現水準を使用してビジネスモデル表記法を比較した結果を示す．ここで，表C-3の値は各疑問詞に対応する要素の表現水準の合計値である．この結果から，ArchiMateが最も表現能力の高いビジネスモデル表記法であることが分かる．

表C-3　ビジネスモデル表記法の比較

疑問詞	BMC	BSC	GQM+Strategy	ArchiMate
Who	6	4	6	12
Why	4	5	4	10
Where	2	1	2	12
What	2	1	0	12
How	6	6	5	11

あとがき

　本書の初出は以下の通りである.

・第2章
　日本経営協会オムニマネジメントの2019年12月号の記事「デジタル変革をどうするか」をもとに加筆.
・第3章
　2020年1月のビジネスフォーラムでの講演「日本企業のDX実現へ」の内容をもとに執筆.
・第4章
　経理情報2019年12月号の記事「DX推進を阻む日本企業の7つの壁」をもとに加筆.
・第5章5.1節
　Compsac' 96, AMERICAN PROGRAMMER誌, NTT REVIEW誌, NTT技術ジャーナル誌, EDOC2000, オペレーションズリサーチ誌などに発表した筆者による過去の研究をもとに加筆.
・第6章
　InMed2018国際会議論文「e-Healthcare Service Design using Model Based Jobs Theory」による. この方法は, Christensenのジョブ理論[1]とゴール指向に基づいて提案した. DXの事例を統一的に蓄積することで, 成功と失敗の経験を共有する方法として役立つと考えている.
・第7章7.4節
　人工知能学会 知識流通ネットワーク研究会での発表「エンタープライズアーキテクチャフレームワーク調整法の提案」を加筆.
・第8章8.1節
　電子情報通信学会KBSE研究会での発表「デジタル変革に向けたデジタルバランススコアカードDBSCの提案」をもとに加筆.
・第8章8.2節
　情報処理学会ソフトウェア工学研究会での発表「ArchiMateによるDXの可視化手法」をもとに加筆.

上記以外の部分は，本書のために新たに書き下ろした．とくに，第9章，第10章については，断片的な情報を分類・再構成したものである．

　本書では，デジタルバランススコアカード(DBSC)，DXのArchiMateによる可視化手法，DXのためのEAF調整法を提案した．ここで，3手法の用途を比較すると，図の通りである．

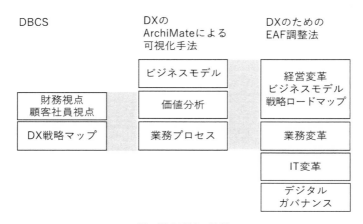

図　提案手法の比較

　DBSCは，簡便に「儲かるDX」を可視化して戦略マップによるDXのロードマップを作成できる．DXへの近道がDBSCである．

　DXのArchiMateによる可視化手法は，DBSCに相当する価値分析と業務プロセスに加えてビジネスモデルを明確化できる．

　DXのためのEAF調整法では，DXのArchiMateによる可視化手法の内容に相当する経営変革と業務変革に加えて，IT変革と，デジタルガバナンスをEAによって明確化できる．

　ビジネスモデルやIT変革およびガバナンスが明確で議論の必要がないのであれば，DBSCが最も簡便な方法である．ビジネスモデルが重要な課題なのであれば，ArchiMateによる可視化手法でビジネスモデルを明確化することを推奨したい．また，IT変革やデジタルガバナンスについての議論が必要なら，DXのためのEAF調整法が参考になる．

　なお，DXは現在もなお進行中である．したがって，本書の内容が完全

であると主張することはできない．今後のDXの進展によって本書の内容を変更・拡充する必要が出てくる可能性があることはご了承いただきたい．

2020年は新型コロナウィルスが国内外で蔓延し，日本企業にとっても大きな環境変化要因となった．この影響で，筆者も国際会議や国内学会の発表に，国内で依頼されていた講演会がすべてオンライン開催になった．新型コロナウィルス対策として，4月7日に，東京都，埼玉県，千葉県，神奈川県，大阪府，兵庫県，福岡県の7都府県を対象として緊急事態宣言が発令され，4月16日には，期間を5月6日までとして全都道府県に拡大された．

この結果，社員の在宅勤務のためにテレワークの進展が始まった．そのような状況下で，経団連の会長が，書類にはんこを押す業務慣習がテレワーク普及の妨げになっているとして「はんこはナンセンスで，デジタルの時代にあわない」と指摘した[2]．これを受けて，社内の業務プロセスからはんこをなくす企業が現れ，社外との取引についてもはんこを前提とした企業間の法的慣習を変革するための新たな取り組みの必要性が顕在化した．本書で説明したように，テレワークのためのデジタルビジネスエコシステムの構築が必要になっているのである．また，テレビ会議によるテレワークなども，働き方のDXといえるだろう．

テレワークでは社員の動機付けが重要である[3]．一方で，PC操作履歴やカメラによって在宅勤務中に常時監視されることが原因で，社員の労働生産性が低下するという問題も発生した．集中型から分散型へと働き方が移行する過程で，社員の動機付けの向上と監視強化の対立がテレワークというデジタル技術で顕在化したのである．

テレワークの導入では，デジタル技術の活用についての原則が重要になる．これは，DXにおいては，単純に技術を導入するだけではなく，組織と行動様式についての原則の確立とその遵守としてのガバナンスが求められることを示している．社員のすべての行動データを収集しても，それらを何のために，どのように活用するということが明確でなければ，意味がない．今後も試行錯誤を重ねながらDXが進展していくと思われる．

本書の多くの部分は，筆者による研究論文ならびに関連する講演におけ

る参加者の皆さんとの意見交換に基づいたものです．この場を借りて，これらの方々のご協力に感謝いたします．

　最後に，経済産業省のDX関連委員会に筆者が参加する機会を与えて下さった，和泉憲明さんをはじめ，経済産業省の方々に感謝いたします．また，本書をまとめる機会を与えていただいた近代科学社の皆さんに感謝いたします．

参考文献

第 1 章

[1] Gill, S. : The Practice Of Going Digital, The Open Group Dublin, 2019.

[2] Yamamoto, S. and Kawasaki, R. : Evaluation of a Client Server Application Development Tool: VGUIDE, ECIS' 96, pp.163-170, 1996.

[3] Yamamoto, S., Kawasaki, R., Nagaoka, M. : VGUIDE: 4 GL Application Platform for Large Distributed Information Systems, Compsac' 96, pp.536- 541, 1996.

[4] Yamamoto, S., and Tokumaru, K. : WebBASE: An intranet application development system, AMERICAN PROGRAMMER, vol.9, No.8, pp.27-35, 1996.

[5] Yamamoto, S., Kurokawa, H., Tokumaru, K., Adachi, S. : WebBASE- An Intranet Application Development System, NTT REVIEW, Vol.8, No.4, pp.58-65, 1996.

[6] 徳丸浩二, 山本修一郎：WebBASE のマルチメディア・ディレクトリ・システムへの適用, 『NTT 技術ジャーナル』, Vol.8, No.6, pp.58-60, 1996.

[7] 山本修一郎, 村山隆彦, 高田信一, 元田敏浩, 内藤 岳：サービス連携方式の提案, 電子情報通信学会 知能ソフトウェア工学研究会 KBSE2000-20, pp.1-6, 2000

[8] Yura, S., Motoda, T., Yamamoto, S. : Specification of Constraints in Business Flow, Fourth International Enterprise Distributed Object Computing Conference (EDOC'00), pp. 175-182, 2000.

[9] 山本修一郎 他：『IC カード情報流通プラットフォーム』, 電気通信協会, 2001.

[10] 山本修一郎, 竹内商陛, 細田泰弘：ネットワーク指向 IC カードプラットフォーム, 『NTT R&D』, Vol.49, No.12, pp.759-766, 2000.

[11] Yamamoto, S. : Multi-application Smart Card Platform—The Way to the Networked Society, NTT REVIEW, Vol.14, No.1, pp.4-7, 2002.

[12] 山本修一郎：ユビキタス・サービスが変革する IT の世界, 『オペレーションズリサーチ』, Vol.49, No.4, pp.238-244, 2004.

[13] Bughin, J.: Tanguy Catlin, Martin Hirt, and Paul Willmott, Why digital strategies fail, McKinsey Quartery, Jan.2018

第2章

[1] 経産省：DX レポート〜IT システム「2025 年の崖」の克服と DX の本格的な展開〜，2018.

https://www.meti.go.jp/shingikai/mono_info_service/digital_transformation/pdf/
20180907_03.pdf

[2] 経済産業省：「DX 推進指標」とそのガイダンス，2019.
https://www.meti.go.jp/press/2019/07/20190731003/20190731003-1.pdf

第3章

[1] 経済産業省：「DX 推進指標」とそのガイダンス，2019.
https://www.meti.go.jp/press/2019/07/20190731003/20190731003-1.pdf

[2] Deakin, J., LaBerge, L., O'Beirne, B. : Five moves to make during a digital transformation, McKinsey Digital, April 2019.

[3] Bughin, J., LaBerge, L. and Mellbye, A. : The case for digital reinvention, McKinsey Quarterly, February 2017.

[4] Corcoran, K. and Spar, D. : Leveraging EA for Digital Transformation, The Open Group Conference, 2019.

[5] Kane, G. C., Palmer, D., Phillips, A. N., Kiron, D. and Buckley, N. : "Strategy, Not Technology, Drives Digital Transformation" MIT Sloan Management Review and Deloitte University Press, July 2015.

[6] Schumacher, A., Erol, S. : Wilfried Sihn, A maturity model for assessing Industry 4.0 readiness and maturity of manufacturing enterprises, Procedia CIRP 52, pp.161-166, 2016.

[7] Klötzer, C., Pflaum, A. : Toward the Development of a Maturity Model for Digitalization within the Manufacturing Industry's Supply Chain, 50th Hawaii International Conference on System Sciences, pp.4210-4219, 2017.

[8] Harvard Business Review Analytic services, デジタルトランスフォーメーションの再評価：企業文化とプロセスの不可欠な変化，2020.
https://www.redhat.com/ja/resources/hbr-digital-transformation-report

[9] 経産省：DX レポート〜IT システム「2025 年の崖」の克服と DX の本格的な展開〜，2018.
https://www.meti.go.jp/shingikai/mono_info_service/digital_transformation/pdf/201809
07_03.pdf

第4章

[1] 山本修一郎：DX推進を阻む日本企業の7つの壁，『経理情報』，p.1，2019.

[2] 経済産業省：「DX推進指標」とそのガイダンス，2019.
https://www.meti.go.jp/press/2019/07/20190731003/20190731003-1.pdf

[3] Porter, M., Heppelmann, J. : How Smart, Connected Products Are Transforming Competition, Harvard Business Review, 2014.

[4] Andriole, S. J. : Five Myths About Digital Transformation, MIT Sloan Management Review, Spring, 2017.

[5] Bughin, J., Catlin, T., Hirt, M. and Willmott, P. : Why digital strategies fail, McKinsey Quartery, 2018.

[6] Hornford, D., Sabesan, S., Sriam, V., Street, K. : The Seven Levers of Digital Transformation, The Open Group, 2017.

[7] 西野 弘：日本企業のデジタルトランスフォーメーションにまつわる「3つの症状」と処方箋，ITmediaエンタープライズ，2019.9.27.
https://www.itmedia.co.jp/enterprise/articles/1909/27/news027.html

[8] 内山悟志：DX推進で大企業が陥りやすい5つの罠，ZDNet Japan，2019年09月18日.
https://japan.zdnet.com/article/35142601/

[9] 三島一孝：製造業のデジタル変革は第2幕へ，「モノ＋サービス」ビジネスをどう始動させるか，MONOist，2019.1.7.
https://monoist.atmarkit.co.jp/mn/articles/1901/07/news052.html

[10] 竹内広宜，秋原史記，山本修一郎：保証ケースを用いたAI実践プロジェクトの成功要因分析，電子情報通信学会 知能ソフトウェア工学研究会，2017.9.19.

[11] Houk, B. G. : Open Process Automation: Unlocking Value Capture by Leveraging Advances in Digital Technology, The Open Group Singapore Event, 2018.

[12] 国連開発計画：持続可能な開発目標(SDGs)採択までの道のり，2015.
https://www.jp.undp.org/content/tokyo/ja/home/presscenter/articles/2015/08/21/sdg.html

[13] Liu, W., Kanehira, N. and Alcorta, L. : An Overview of the UN Technology Initiatives, Background Paper No. 2015/1.

https://sustainabledevelopment.un.org/content/documents/
17438Mapping_UN_Technology_Facilitation_Initiatives_Sept_2015_clean.pdf

[14] 山本修一郎：『CMCで変わる組織コミュニケーション─企業SNSの実践から学ぶ』，NTT
出版，2010

[15] 山本修一郎：第1章「プロジェクトマネジメント9つの秘密」，『プロジェクトマネジメ
ントの展望』，pp.7-31，プロジェクトマネジメント学会，2018.

[16] 堺屋太一：『組織の盛衰：何が企業の運命を決めるのか』，PHP研究所，1993.

[17] Sebastian, I. M, Ross, J. W., Beath, C., Moloney, K. G., Fonstad, N. O. : How Big Old Com-
panies Navigate Digital Transformation, MIS Quarterly Executive, September 2017 (16:3),
pp.197-213.

[18] Tapscott, D., Ticoll, D. and Herman, D. : Digital Conglomerates:Setting the Agenda for
Enterprise 2.0, 2006.
http://dontapscott.com/wp-content/uploads/Don-Tapscott-Digital-Concolmerates.pdf

[19] TOGAF Business Architecture Level 1.
https://www.opengroup.org/certifications/togaf-business-architecture-level1

[20] 永田守男：次世代デジタルエンタープライズのコンセプト，『信学技報』，KBSE2000-71，
pp.39-46，2001.

[21] 山本修一郎: デジタル変革に向けた統合知の展開，『研究　技術　計画』，2020(35:2)，
pp.253-258.

第5章

[1] Bughin, J. and van Zeebroeck, N. : The best response to digital disruption, MIT Sloan
Management Review, May 9, 2017.

[2] MIT CISR Working Paper: Designing Digital Organizations—Business leaders must rethink
their business strategies and develop what we refer to as a digital strategy, mit_cisrwp406.

[3] Sebastian, I. M, Ross, J. W., Beath, C., Moloney, K. G., Fonstad, N. O. : How Big Old Com-
panies Navigate Digital Transformation, MIS Quarterly Executive, September 2017 (16:3),
pp.197-213.

[4] Porter, M., Heppelmann, J. : How Smart, Connected Products Are Transforming Compe-
tition, Harvard Business Review, 2014.

[5] Afshar. V. : 800 IT leaders share insights on the state of digital transformation, ZDNet, 2020.
https://www.zdnet.com/article/800-it-leaders-identified-their-top-digital-transformation-challenges/

[6] Stolterman, E., Fors, A: Information Technology and The Good Life, Umeo University, 2004, pp. 687-692.

[7] 木村知史：今更聞けないデジタルトランスフォーメーションの定義とは？,『FUJITSU JOURNAL』, 2019.9.26.
blog.global.fujitsu.com

[8] Hornford, D., Sabesan, S., Sriam, V., Street, K. : The Seven Levers of Digital Transformation, The Open Group, 2017.

[9] UNDP Digital Strategy : Pathways to the SDGs.
https://digitalstrategy.undp.org/strategy.html

[10] Skilton, M. : Building The Digital Enterprise—A Guide to Constructing Monetization Models Using Digital Technologies, Palgrave Macmillan, 2015.

[11] Hornford, D. et.al. : Digital Transformation Strategy to Implementation using The Open Group Standards, TOG, w170, 2017.

[12] 永田守男：次世代デジタルエンタープライズのコンセプト,『信学技報』, KBSE2000-71, pp.39-46, 2001.

[13] The Open Group : The Digital Practitioner Body of Knowledge, S185, 2018.

[14] Misra, B. and Betz, C. : Managing Digital: Concepts and Practices, Open Group Houston 2018.

[15] Nambiyur, V. : Digital Professional's Body of Knowledge, Open Group Houston 2018.

[16] Harnish, V.: Scaling Up: How a Few Companies Make It and Why the Rest Don't. Gazelles, Inc., 2014.

[17] Rogers, D. : The Digital Transformation Playbook: Rethink your business for digital age, Columbia Business School Publishing, 2016.

[18] マーシャル・ヴァン・アルスタイン，ジェフリー・パーカー，サンギート・チョーダリー：プラットフォーム革命：パイプライン型事業から脱却せよ,『ハーバード・ビジネス・

レビュー』, No.10, pp.26-38, 2016.

[19] Van Alstyne, M., Parker, G., Choudary, S. : Pipeline, Platforms, and the New Rules of Strategy, Harvard Business Review, Vol.94, No.4, pp.54-60, 2016

[20] Ross, J., Beath, C., Mocker, M. : Designed for Digital: How to Architect Your Business for Sustained Success, MIT Press, 2019.

[21] Blaschke, M., Haki, K., Aier, S., Winter, R. : Taxonomy of Digital Platforms: A Platform Architecture Perspective, Computer Science, Wirtschaftsinformatik, pp.572-586, 2019 (First Publication: 23 February 2019).

第6章

[1] Bhaide, P. and Rao, R. : Enterprise Architecture as a Framework for Digital Transformation in the EPC Industry, Journal of Enterprise Architecture Article, pp. 1-9, 2018.

[2] Houk, B. G. : Open Process Automation: Unlocking Value Capture by Leveraging Advances in Digital Technology, The Open Group Singapore Event, 2018

[3] Baier, D., Rese, A., Nonenmacher, N., Treybig, S. and Bressem, B. : Digital Technologies for Ordering and Delivering Fashion: How Baur Integrates the Customer's Point of View, 2019, pp.59-77, in Digitalization Cases, How Organizations Rethink Their Business for the Digital Age(Urbach, N., Röglinger, M. Eds.), Springer, 2019.

[4] Coppola, B. M. : IKEA's digital journey: giving "160,000 entrepreneurs" the liberty and freedom to drive digital transformation, Capgemini Research Institute, Taking Digital Transformation to the Next Level: Lessons from the Leaders, pp.46-51, 2019.
www.capgemini.com/researchinstitute/

[5] Bock, M., Wiener, M., Gronau, R. and Martin, A. : Industry 4.0 Enabling Smart Air: Digital Transformation at KAESER COMPRESSORS, pp.101-119, in Digitalization Cases, How Organizations Rethink Their Business for the Digital Age(Urbach, N., Röglinger, M. Eds.), Springer, 2019.

[6] Welde, R,. : Unilever, Industry Leader Perspectives, Capgemini Research Institute, Taking Digital Transformation to the Next Level, Digital Transformation Review Twelfth Edition, pp.82-87.
www.capgemini.com/researchinstitute/

[7] Smith, J. : Unilever Uses Virtual Factories to Tune Up Its Supply Chain, Wall Street Journal,

July 25, 2019.
https://www.wsj.com/articles/unilever-uses-virtual-factories-to-tune-up-its-supply-chain-11563206402

[8] Verma, N. and Dawar, S. : Digital Transformation in the Indian Government, CACM, Vol.62, No.11, pp.50-53, 2019.

[9] 岩崎薫里：India Stack：インドのデジタル化促進策にみる日本のマイナンバー制度への示唆,『環太平洋ビジネス情報 RIM』, Vol.19, No.75, pp.38-66, 2019.
https://www.jri.co.jp/MediaLibrary/file/report/rim/pdf/11416.pdf

[10] India Stack.
https://www.indiastack.org/

[11] Meister, S., Burmann, A. and Deiters, W. : Digital Health Innovation Engineering: Enabling Digital Transformation in Healthcare: Introduction of an Overall Tracking and Tracing at the Super Hospital Arhus Denmark, in Digitalization Cases, How Organizations Rethink Their Business for the Digital Age(Urbach, N., Röglinger, M. Eds.), Springer, 2019.

[12] Andrus, G., Kejriwal, S., Wadhwani, R. : Digital transformation in financial services —The need to rewire organizational DNA, Deloitte Insight, 07 November 2016.
https://www2.deloitte.com/us/en/insights/industry/financial-services/digital-transformation-in-financial-services.html

[13] Scheffler A. and Wirths, C. P. : Data Innovation@ AXA Germany: Journey Towards a Data-Driven Insurer, pp. 363-378, in Digitalization Cases, How Organizations Rethink Their Business for the Digital Age(Urbach, N., Röglinger, M. Eds.), Springer, 2019.

[14] Schmitz, M., Dietze, C. and Czarnecki, C. : Enabling Digital Transformation Through Robotic Process Automation at Deutsche Telekom, pp.15-34, in Digitalization Cases, How Organizations Rethink Their Business for the Digital Age(Urbach, N., Röglinger, M. Eds.), Springer, 2019.

第 7 章

[1] Hornford, D., Sabesan, S., Sriam, V., Street, K. : The Seven Levers of Digital Transformation, The Open Group, 2017.

[2] MIT CISR Working Paper: Designing Digital Organizations, mit_cisrwp406.

[3] The Open Group : The Digital Practitioner Body of Knowledge, S185, 2018

[4] Blumberg, S., Bossert, O., Sokalski, J. : Five enterprise-architecture practices that add value to digital transformations, McKinsey&Company, 2018.

[5] Zimmermann, A., Jugel, D., Sandkuhl, K., Schmidt, R., Bogner, J., Kehrer, S. : Multi-perspective Decision Management for Digitization Architecture and Governance, 20th Enterprise Distribute Object Computing Workshops, pp.174-181, 2016.

[6] Zimmermann, A., Schmidt, R., Sandkuhl, K., Wißotzki, M., Jugel D., Bogner, J., Möhring, M. : Digital Enterprise Architecture—Transformation for the Internet of Things—, 19th Enterprise Distribute Object Computing Workshop, pp.130-138, 2015.

[7] The Open Group : THE TOGAF STANDARD, VERSION 9.2, C182, 2018.

[8] Zimmermann, A., Schmidt, R., Sandkuhl, K., Jugel D., Bogner, J., Mohring M., Evolution of Enterprise Architecture for Digital Transformation, 22nd Enterprise Distribute Object Computing Workshop, pp.87-96, 2018.

[9] セバスチャン・ヴェデニフスキー：『モビリティ革命：自動車ビジネスを変革するエンタープライズ・アーキテクチャ』，宮下潤子ほか（訳），森北出版，2016.

[10] The Open Group : ArchiMate 3.1. Specification. C197. 2019.

[11] Urbach, N., Röglinger, M.(Eds.) : Digitalization Cases, How Organizations Rethink Their Business for the Digital Age, Springer, 2019.

[12] Blumberg, S., Bossert, O., and Sokalski, J. : Five enterprise-architecture practices that add value to digital transformations, Digital/McKinsey: Insights, Nov. 2018.

[13] Bhaide, P. and Rao, R. : Enterprise Architecture as a Framework for Digital Transformation in the EPC Industry, Journal of Enterprise Architecture Article, pp.1-9, 2018.

[14] Grunwald, M., Scheuch, R., Sousa, P. : Managing IT Transformation with Enterprise Architecture—Developing the roadmap of a digital transformation leveraging a lightweight EAM, Optiz Consulting, 2018.
https://www.opitz-consulting.com/fileadmin/user_upload/Collaterals/Artikel/whitepaper-it-transformation-with-enterprise-architecture_sicher.pdf

[15] Mamkaitis, A., Helfert, M. : Tailoring Enterprise Architecture Frameworks: Resource Structuring for Service—Oriented Enterprises, WEBIST 2018, pp.215-222, 2018.

[16] 山本修一郎：エンタープライズアーキテクチャフレームワーク調整法の提案，人工知能学会, 知識流通ネットワーク研究会 SIG-KSN-026-01，2020.3.13.

第8章

[1] 山本修一郎：デジタル変革に向けたデジタルバランススコアカード DBSC の提案，電子情報通信学会 KBSE 研究会 Vol.119, No.392, pp.19-24, 2020.

[2] Kaplan, R., Norton, D. : The Balanced Scorecard: Measures that Drive Performance, Harvard Business Review. Jan-Feb. pp.71-79, 1992.

[3] Niven, P. : Balanced Scorecard Step-by-Step: Maximizing Performance and Maintaining Results, Wiley, 2006.

[4] Bleistein, S. J., Cox, K. and Verner, J. : B-SCP: A requirements analysis framework for validating strategic alignment of organizational IT based on strategy, context, and process, Information and Software Technology, Vol.48, Issue 9, pp.846-868, 2006.

[5] 山本修一郎：『ゴール指向によるシステム要求管理』，ソフトリサーチセンター，2007.

[6] Jackson, M. : Problem Frames: Analyzing and Structuring Software Development Problem, 1st ed, Addison-Wesley Publishing Company, 2001.

[7] Ould, M. A. : Business processes: modelling and analysis for re-engineering and improvement, Wiley, 1995.

[8] NTT データ超上流研究会（編）：『IT 戦略デザイン～みえる課題からみわたせる IT 戦略へ～』，リックテレコム，2006.

[9] Kokune, A., Mizuno, M., Kadoya, K. and Yamamoto, S. : FBCM: Strategy modeling method for the validation of software requirements, Journal of Systems and Software, Vol.80, pp. 314-327, 2007.

[10] The Open Groupe : ArchiMate 3.1 Specification. C197, 2019.

[11] 山本修一郎：ArchiMate による DX 推進指標のゴール分析手法，第 25 回知識流通ネットワーク研究会，2019.9.13.

[12] Yamamoto, S., Olayan, N., Fujieda, J. : e-Healthcare Service Design using Model Based Jobs Theory, InMed2018, Intelligent Interactive Multimedia Systems and Services, Proceedings of 2018 Conference. pp.198-207, 2018.

[13] Christensen C., Hall R., Dillson K. and Duncan D. : Competing Against Luck, HarperCollins Publishers LLC, 2016.

[14] Zhou, Z, Zhi, Q., Yamamoto, S., Morisaki, S. : A Proposal for Developing EA Models to-

ward Innovation, 8th International Congress on Advanced Applied Informatics (IIAI-AAI), pp. 853-858, 2019.

[15] Iacob, M., Quartel, D., Jonkers, H. : Capturing Business Strategy and Value in Enterprise Architecture to Support Portofolio Valuation, IEEE 16th International Enterprise Distributed Object Computing Conference, pp.11-20, 2012.

[16] Iacob, M., Meertens, L., Jonkers, H., Quartel, D., Nieuwenhuis, L., Sinderen, M. : From enterprise architecture to business models and back, Software & Systems Modeling, 13(3), pp. 1059-1083, 2014.

[17] Yamamoto, S., Zhi, Q. : ArchiMate Business Model Patterns to e-Healthcare, InMed2019, Procedia Computer Science, pp.198-207, 2019.

[18] 経済産業省商務情報政策局情報産業課 厚生労働省医薬・生活衛生局水道課：水道情報活用システム導入の手引き～水道事業等の持続的な運営基盤の強化に向けた CPS/IoT の活用～, 2019.
https://www.meti.go.jp/press/2019/05/20190510002/20190510002-1.pdf

[19] 国立研究開発法人新エネルギー・産業技術総合開発機構：水道事業の最適化，効率化を目指すシステム標準仕様と導入手引き案を公開―水道事業者が直面する課題の解決に期待―, 2019.
https://www.nedo.go.jp/news/press/AA5_101111.html

[20] 山本修一郎：ArchiMate による DX の可視化手法，情報処理学会ソフトウェア工学研究会 SIGSE 204-18, 2020.

[21] Meister, S., Burmann, A. and Deiters, W. : Digital Health Innovation Engineering: Enabling Digital Transformation in Healthcare: Introduction of an Overall Tracking and Tracing at the Super Hospital Arhus Denmark, in Digitalization Cases, How Organizations Rethink Their Business for the Digital Age(Urbach, N., Röglinger, M. Eds.), Springer, 2019.

[22] Sebastian, I. M, Ross, J. W., Beath, C., Moloney, K. G., Fonstad, N. O. : How Big Old Companies Navigate Digital Transformation, MIS Quarterly Executive, September 2017 (16:3), pp.197-213.

[23] Pflaum, A, GölzerP: The IoT and Digital Transformation: Toward the Data-Driven Enterprise, IEEE Pervasive Computing, January-March 2018, pp.87-91.

[24] Traverso, G., WoeiMin, L., Ng, B. : Customer Experience-Driven Enterprise Architecture: How to Revitalize your DSP Business, W166, The Open Group, 2016.

[25] Vial, G. : Understanding digital transformation: A review and a research agenda, The Journal of Strategic Information Systems, Vol.28, Issue 2, pp. 118-144, 2019.

[26] de Boer, E., Fritzen, S., Khanam, R., and Lefort, F. : Preparing for the next normal via digital manufacturing' s scaling potential, McKinsey & Company, 2020

[27] Rogers, D. :The Digital Transformation Playbook: Rethink your business for digital age, Columbia Business School Publishing, 2016.

[28] Ross, J., Beath, C., Mocker, M. : Designed for Digital: How to Architect Your Business for Sustained Success, MIT Press, 2019.

第9章

[1] ISACA : COBIT 5: A Business Framework for the Governance and Management of Enterprise IT, 2012.

[2] ISACA : COBIT 5: Enabling Processes, 2012.

[3] デジタルガバナンスに関する有識者検討会：デジタルガバナンス・コードの策定に向けた検討，2019.
https://www.meti.go.jp/shingikai/mono_info_service/digital_governance/pdf/report_001.pdf

[4] The Open Group : The Digital Practitioner Body of Knowledge, S185, 2018.

[5] Nambiyur, V. : Digital Professional' s Body of Knowledge, Open Group Houston 2018.

[6] Nielsen, M. M. : Governance lessons from Denmark' s digital transformation, dg.o 2019,pp.456-461, 2019, Dubai.
https://doi.org/10.1145/3325112.3329881

[7] Nielsen, M. M. : eGovernance and cooperation models for online service supply and citizen use: A comparative analysis of Denmark and Japan, JeDEM - J. eDemocracy Open Gov. CeDEM Issue Best Pap. from CeDEM Asia 16 CeDEM17 Conf., Vol. 9, No. 2, pp. 68-107, 2017.

[8] Kitsing, M. : Alternative Futures for Digital Governance, pp.48-59, dg.o 2019, June 18, 2019, Dubai.
https://doi.org/10.1145/3325112.3325238

第10章

[1] Richardson, C. : Microservice Patterns, MANNING, 2018.

[2] Dragoni, N., Giallorenzo, S., Lafuente, A. L., Mazzara, M., Montesi, F., Mustafin, R., Safina, L.: Microservices: yesterday, today, and tomorrow, In: Mazzara M., Meyer B. (eds) Present and Ulterior Software Engineering. Springer, Cham.
https://doi.org/10.1007/978-3-319-67425-4_12

[3] Bucchiarone, A., Dragoni, N., Dustdar, S., Larsen, S., Mazzara, M. : From Monolithic to Microservice—An Experience Report from the Banking Domain, IEEE Software, pp.50-55, May/June 2018.

[4] Knoche, H. : Sustaining Runtime Performance while Incrementally Modernizing Transactional Monolithic Software towards Microservices, ICPE' 16, pp.121-124, 2016.

[5] Knoche, H. and Hasselbring, W. : Using Microservices for Legacy Software Modernization, IEEE Software, pp.44-49, 2018.

[6] Levcovitz, A., Terra, R., Valente, M. T. : Towards a Technique for Extracting Microservices from Monolithic Enterprise Systems, 3rd Brazilian Workshop on Software Visualization, Evolution and Maintenance (VEM), p. 97-104, 2015.

[7] Dragoni, N., Dustdary, S., Larsenz, S. T., Mazzara, M. : Microservices: Migration of a Mission Critical System,IEEETransactionsonServicesComputing, pp.1-14, 2017.

[8] Taibi, D., Lenarduzzi, V. : On the Definition of Microservice Bad Smells, IEEE Software, May/June 2018, pp.56-62.

付録A

[1] Gill, A. Q. : Adaptive Cloud Enterprise Architecture, World Scientific Pub Co Inc., 2015.

[2] Zimmermann, A., Zimmermann, G. : ESARC—Enterprise Services Architecture Reference Cube for Capability Assessments of Service-oriented Systems, SERVICE COMPUTATION 2011: The Third International Conferences on Advanced Service Computing, pp.63-68, 2011.

[3] Zimmermann, A., Schmidt, R., Jugel, D. and Möhring, M. : Evolving EnterpriseArchitectures for Digital Transformations, Digital Enterprise Computing 2015, pp.183-194, 2015.

[4] Zimmermann, A. Schmidt, R., Sandkuhl, K., Wißotzki, M., Jugel, D., Möhring,. M. : Digital Enterprise Architecture—Transformation for the Internet of Things—, EDOC 2015, pp.

130-138, 2015.

[5] The Open Group : TOGAF 9.2, 2018.

付録 B

[1] The Open Groupe : ArchiMate 3.1 Specification, C197, 2019.

付録 C

[1] 山本修一郎：疑問詞を用いたビジネスモデル記法の比較法，電子情報通信学会 知能ソフトウェア工学研究会 KBSE2019-35， 2019.11.8.

[2] Yamamoto, S. : A Comparative Analysis of Business Model Notations, Journal of Business Theory and Practice, Vol. 7, No. 3, pp. 111-123, 2019.

[3] Osterwalder A, Pigneur Y. : Business model generation: a handbook for visionaries, game changers, and challengers. Wiley, Hoboken, 2010.

[4] Kaplan, R., Norton, D. : The Balanced Scorecard: Measures that Drive Performance, Harvard Business Review. Jan-Feb. pp.71-79, 1992.

[5] Basili, V. ほか：『ゴール＆ストラテジ入門―残念なシステムの無くし方―』，鷲崎弘宜ほか（監訳），オーム社，2015.

あとがき

[1] クレイトン・クリステンセンほか：『ジョブ理論―イノベーションを予測可能にする消費のメカニズム』，依田光江（訳），ハーパーコリンズ・ジャパン，2017.

[2] THE SANKEI NEWS：経団連会長、はんこは「ナンセンス」, 2020 年 4 月 27 日.
https://www.sankei.com/economy/news/200427/ecn2004270028-n1.html

[3] 渋谷 恵，荒井 観吉田 万貴子：テレワーク導入による Well-being の向上―個人と組織の Well-being―，『デジタルプラクティス』，Vol.10，No.4，2019.

索引

著者紹介

山本 修一郎 （やまもと しゅういちろう）

1979年名古屋大学大学院工学研究科情報工学専攻修了.
同年日本電信電話公社入社. 2002年（株）NTTデータ技術開発本部副本部長. 2007年同
社初代フェロー, システム科学研究所所長. 2009年名古屋大学教授. 2020年名古屋大学
名誉教授. 同年電子情報通信学会フェロー.

著書

『要求定義・要求仕様の作り方』（ソフト・リサーチ・センター, 2006）
『ゴール指向による！！ システム要求管理』（ソフト・リサーチ・センター, 2007）
『CMCで変わる組織コミュニケーション』（NTT出版, 2010）
『要求開発の基礎知識』（近代科学社Digital, 2019）

◎本書スタッフ
マネージャー：大塚 浩昭
編集長：石井 沙知
図表製作協力：菊池 周二
表紙デザイン：tplot.inc 中沢 岳志
技術開発・システム支援：インプレス NextPublishing

●本書の内容についてのお問い合わせ先

近代科学社Digital　メール窓口
kdd-info@kindaikagaku.co.jp
件名に「『本書名』問い合わせ係」と明記してお送りください.
電話やFAX、郵便でのご質問にはお答えできません. 返信までには、しばらくお時間をい
ただく場合があります. なお、本書の範囲を超えるご質問にはお答えしかねますので、あ
らかじめご了承ください.

DXの基礎知識
具体的なデジタル変革事例と方法論

2023年11月30日　初版発行Ver.1.0

著　者　山本 修一郎
発行人　大塚 浩昭
発　行　近代科学社Digital
販　売　株式会社 近代科学社
　　　　〒101-0051
　　　　東京都千代田区神田神保町1丁目105番地
　　　　https://www.kindaikagaku.co.jp

ISBN978-4-7649-0673-0

近代科学社 Digital は、株式会社近代科学社が推進する21世紀型の理工系出版レーベルです。デジタルパワーを積極活用することで、オンデマンド型のスピーディでサステナブルな出版モデルを提案します。

近代科学社 Digital は株式会社インプレス R&D が開発したデジタルファースト出版プラットフォーム "NextPublishing" との協業で実現しています。